30の発明からよむ日本史

池内 了=監修
造事務所=編著

日経ビジネス人文庫

はじめに

「伝統的未来技術」と「近代科学の盲点技術」

歴史はエピソードに満ちています。例えば、私たちのごく身近にある何でもないものだけれど、さてそれを誰が発明し、どのようにして世の中に広がったのかがもはやわからなくなくなったものについて詳しく調べると、意外な事実が見つかってくることがあります。まったく偶然だったのだけれど、その謎にこだわった人がいて、人生をかけて試行錯誤を続け、だんだんに人々に受け入れられるものに変えていった、そんな成功談が潜んでいる場合もあります。あるいは、何世代にもわたって磨き上げられるなかで、新たな要素が次々とつけ加えられ、思いがけない形に変えられてしまったこともあるでしょう。

そのような歴史に埋もれたエピソードを知ると、何だか得したような気分になり、同時に長い歴史の間に積み重ねられてきた産物なのだから大事にしようという気にもなります。歴史を知ることによって、私たちが生きている現在が過去としっかり繋がっていることを実感するのです。

本書は、日本史に残されたモノやコトがどんな契機ではじまったのか、そこにどのような知恵が発揮され、どのようにして人々に受け入れられるようになったか、を物語ふうに語ったものです。むろん、すべて日本人の発明であり、それぞれに日本人の感性が光っていることに気づくでしょう。全体を見渡して、私がこれこそ世界に類例がないとして誇れる産物を二種類に分けると、以下のようになるのではないだろうか。

一つは、私が「伝統的未来技術」と呼ぶもので、発酵のすばらしさに着目して作り出した納豆や醤油や日本酒、日常の身近な材料を組み合わせて作り上げた和紙や畳や扇、融通無碍の自由な精神から生み出され洗練されて行った俳句や茶道や着物など、日本の長い伝統のなかで培われ、今後も長く生き残ると思われる文物です。それらに通底する日本人の柔軟さや型に捉われない発想は、城にも日本刀にも浮世絵にも握り寿司にも共通しています。それらは、日本人独特のきめ細かさ、手先の器用さ、自然と密着した国民性などが活かされた発明品なのです。

もう一つは、「近代科学の盲点技術」と呼ぶ、科学の盲点部分に着目した日本独特の発明品で、カラオケやインスタントラーメンや養殖真珠などがあります。それらは、いわば日本人の遊びの精神に発した柔軟さやアイデアの豊かさを象徴していると言えます。やがてそんな精神が土台となって、発明家や科学者が世界に先駆けて着目して作り出し、一気に世界中に広がったものが数多くあります。それらは乾電池や八木アンテナや胃カメラや新幹線や青色ＬＥＤなどで、技術大国日本を世界に強く印象づけることになりました。ここにきちんと発明の経過を書き留めておくことは意味があるのではないでしょうか。

いずれにせよ、ここにまとめられたように日本人が多くのモノやコトを創り出してきたことに胸を張ってよく、「物マネが上手な日本人」という偏見に捉われることはありません。日本人は独創性を十分備えている民族なのですから。最近、日本の物造り産業はガラパゴス化したと言われることがありますが、それは発明の才はあっても企業活動に結びつけて収益を上げることを苦手としているためだと私は考えています。そういえば、乾電池にしろ、八木アンテナにしろ、せっかくの大発明であったのに特許を押さえておく点に手抜かりがあったことが思い出されます。発明を商売と結びつけることには日本人は疎いのでしょうか。

歴史を客観的に読み解くことによって、そんなことを知るのも本書を読む楽しみかもしれません。歴史は私たちを映し出す鏡でもあるためです。

池内了

目次

Contents

※本文中の敬称は略しています。

編集構成・図版・DTP　造事務所
文　近藤圭二(史誠会)

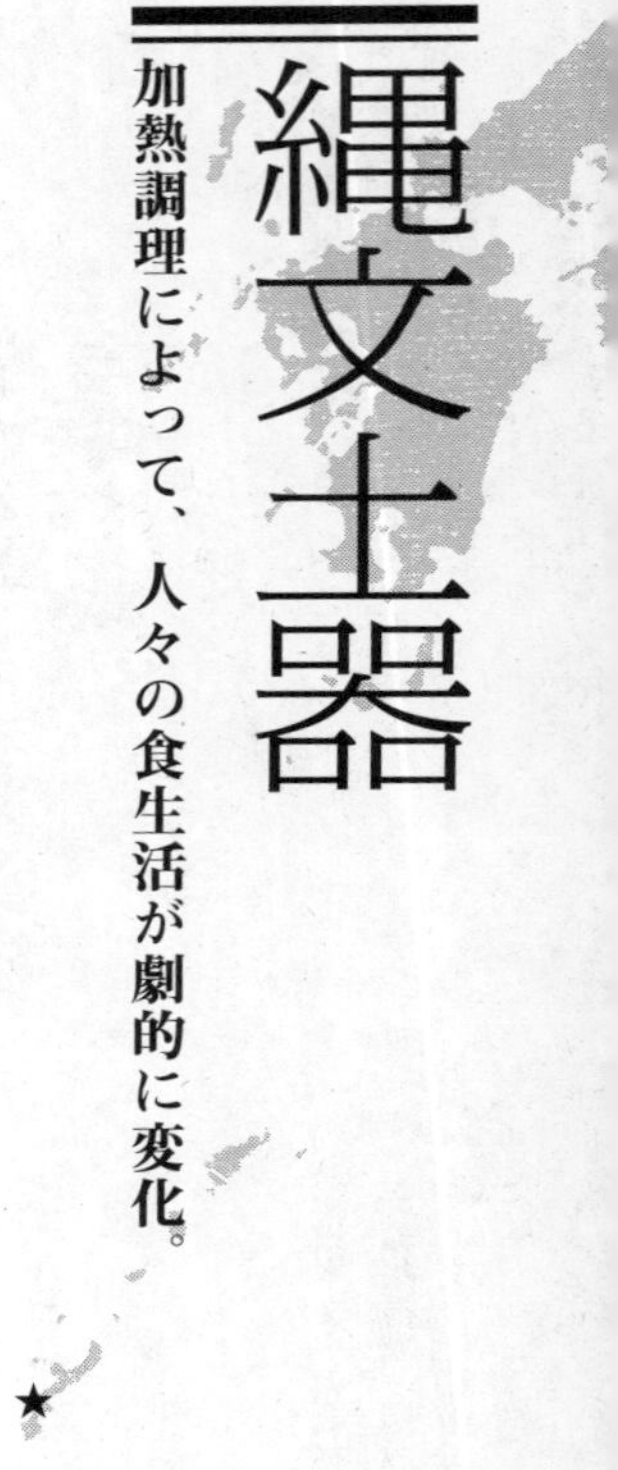

縄文土器

加熱調理によって、人々の食生活が劇的に変化。

日本で見つかっている縄文土器は、世界最古級の土器とされる。最古「級」というのは、中国で約１万９０００年～２万年前の遺跡から土器が見つかっているからだ。

とはいえ、縄文土器が、四大文明の起こった時期よりもはるか前に作られていたことは間違いない。

食料の保管や加熱調理によって縄文人の食生活を劇的に変化させただけではなく、定住生活、すなわちムラの出現にもつながった縄文土器とは、一体どういうものだったのだろうか。

1万5000年前

縄文時代に青森と沖縄で文化交流!?

沖縄県の北谷町《ちゃたんちょう》教育委員会は、平成29（2017）年1月、同町の遺跡から出土した土器の破片が、「亀ケ岡式土器」である可能性が高いと発表しました。亀ケ岡式土器とは、青森県つがる市の亀ケ岡石器時代遺跡から出土した縄文時代晩期（約3100前〜2400年前）を代表する土器です。発表を受け、縄文時代晩期に約2000キロも離れた青森と沖縄で交流があったのではと、大きな話題になりました。

しかし、その後の調査で同町教育委員会は、土器の破片には鹿児島県南方沖に位置する「鬼界カルデラ」が約7300年前に噴火した際の火山灰が多く含まれていることや、文様が「亀ケ岡式土器」よりも北陸や中部地方で発掘された土器に似ていることから、北陸や中部地方の人が西日本で作った可能性があると発表しました。

数千年前に約2000キロも離れた地との交流があった可能性は低くなったとはいえ、青森の亀ケ岡文化が北陸や西日本を経由して沖縄まで伝わっていたことが明らかになったことによって、当時の交流を表す手がかりになるのではと期待されています。

食生活にもたらされた劇的な変化

縄文時代は、約1万5000年前にはじまりました。この時代の多くの土器には、縄目の文様がついています。動物学者のエドワード・モースが、明治10（1877）年大森貝塚で見つけた縄目の文様がついた土器を「cord marked pottery」と発表したことから縄文土器と呼ぶようになり、このような土器を製作していた時代を縄文時代といいます。

縄文土器登場までの人々は、ナウマン象やヘラジカなどの大型動物を獲って食べていました。しかし、獲物はいつも同じ場所にいるとは限りませんから、人々は獲物を求めて各地を移動し続けるという生活を送らざるをえませんでした。

その後、急速に温暖化が進んだことによって暖かくなり、雨が多くなった大地には、落葉広葉樹の森が生まれました。ドングリやクリ、クルミなどが実り、海面の上昇や降雨によって運ばれた土砂の堆積などによって、魚介類が豊富に生育できる環境が形作られていったのです。

そして、落葉広葉樹の森には、木の実を主食とする敏捷な小動物が住みつくようになりました。しかし、小さな動物は食べられる部位が少なく、動物以外の食料も必要になりました。魚や貝なども獲れるようになりましたが、それだけでは足りません。森の木の実や草の新芽・根などを食べるようになりました。木の実の多くはそのままではおいしく食べられません。熱湯で煮てアク抜きをする必要があります。

そこで人々は土をこねて形を作り、乾燥させ、焼くことによって、形状がしっかりした、耐火性を備えた縄文土器を作り出しました。木の実や山菜のように、生では食べられなかったものからアクを抜き、貝や肉も煮ることによって、煮汁までおいしく食べられるようになったのです。長野県などの遺跡からは炭化したパン状やクッキー状の遺物が出土しています。これらの成分を分析したところ、木の実や動物の肉・鳥の卵などを混ぜた食べ物だったことがわかっています。

さらに縄文時代の遺跡からは、大小多くの石を人為的に集めた「集石《しゅうせき》」という遺構が数多く発見されました。それらの石に焼けた跡があることや炭が見つかったことから、石を焼いて蒸し焼きをした施設ではないかと考えられています。

縄文土器の登場によって、煮炊きができるようになっただけではなく、食料や水な

どの液体も保存できるようになりました。獲物を追って移動をくり返す必要がなくなり、人々の生活スタイルは定住へと変わっていきます。これがムラの誕生です。

国内最大級の集落跡・三内丸山遺跡

青森県の三内丸山遺跡では、これまでの発掘調査によって縄文時代前期中ごろから中期末（約5500年前～4000年前）の大集落跡だけでなく、平安時代の集落跡や中世末の城館跡の一部も見つかっています。

とくに縄文時代の大集落跡からは、多数の竪穴住居跡や掘立柱建物跡、土器作りのための粘土採掘穴などが見つかりました。

三内丸山遺跡は、縄文時代の生活を具体的に知ることができる貴重な遺跡ということもあって、平成12（2000）年に国の特別史跡に指定されました。ついで平成15（2003）年には出土した遺物のうち1958点が重要文化財に指定されています。

そして花粉分析の結果から、集落ができる前にあったナラ類やブナの林は、縄文人が定住をはじめた後、クリ林に変わったことがわかりました。これは自然な植生の変

◉三内丸山遺跡

掘立柱建物跡に復元された高床式の建物。このほか数種類の竪穴住居などが復元されている。

化ではなく、人の手によってクリ林が作られたことを示すものであると指摘されています。

谷などからは、クリの果皮が大量に出土しました。縄文人がクリの木を栽培して、実を収穫していたと考えられます。また、ヒョウタンやゴボウ、マメなども栽培していたことがわかり、縄文時代の食のイメージが大きく変わる契機となりました。

日常生活に必要な道具の多くは、集落内で作られました。しかし、中には産地が遠く、離れた地域から運ばれてきたと推定されるものがあります。

代表的なものがヒスイと黒曜石です。

ヒスイは、約500キロも離れた新潟県

糸魚川市周辺のものが使われています。黒曜石もさまざまな産地のものが使用されており、約580キロ離れた長野県産のものも含まれていました。ほかにも、アスファルトやコハクなど、100〜200キロ圏内の鉱物が運ばれています。

縄目の文様をつけ、野焼きで完成

さて、縄文土器は、どのように作られたのでしょうか。

土器の材料は粘土です。粘土は、粘土層が露出した場所や湿地帯から、あるいは掘って入手したと考えられます。ただし採集した粘土は、そのままでは使えません。砂などを混ぜて2〜3日寝かせます。こうすることによって、粘土の粒子が均一になるのです。

土器は、底から形を作っていきます。その後、粘土の帯を上へ上へと積み上げていきます。この際、粘土と粘土のつなぎ目が残らないように表面を指でこすります。土器がある程度乾燥すると、文様をつけていきます。縄文土器では、縄目をつけた「縄文」のほか、貝殻を使った「貝殻文」、ヘラや竹串などでつけられた「沈線文」

◉縄文土器

三内丸山遺跡からは縄文土器が多数出土しており、隣接する「さんまるミュージアム」に展示されている。

などが見つかっています。

文様をつけた土器をそのまま焼くと、水分が多いこともあって、硬く焼き上げることができません。そこで、1カ月ほど乾燥させてから焼きました。ただし、現在の焼き物のように窯などは使わず、野原などで焼くため「野焼き」と呼びます。

初めは、火の側で土器をゆっくりとあぶります。次に、火が消えて炭になった熾《おき》の上に土器を置き、さらにあぶります。

1時間程度たったら、薪を投入して本格的に焼きます。土器は黒くなりますが、温度が上がるにつれて茶色などへ変色していきます。茶色くなった土器を取り出したら、急激に冷めないように注意しながら冷やします。

このように作業工程を文章にすれば簡単にみえるかもしれません。しかし、化学の知識や文字がなかった時代に新技術をあみ出して進化させ、伝承していったという点で、縄文土器は日本で最初の発明と言うことができます。

多種多様な様式とその変遷

約1万6000年前から1万年にわたって作り続けられた縄文土器は、日本列島のほぼ全域に分布しており、北は南千島、南は沖縄本島にまで達しています。地方ごと、時期ごとに、形態や文様をはじめ製作方法などの全般にわたって多彩な特色を示しています。縄文時代全体を通じて約70種類あったことがわかっています。

縄文土器は、形や文様の変化によって、縄文時代草創期、早期、前期、中期、後期、晩期の6期に分けられます。

縄文時代草創期の土器には文様がなく、その後、約1万年前に縄目の文様がついた土器が登場しました。早期には、地域によって土器の違いが見られるようになります。

前期になると、土器の地域差がより鮮明になっていきます。土器の底は丸くなり、平底の深鉢形の土器が増えました。煮炊きに使われる深鉢形のほか、盛りつけ用と思われる浅鉢形や台つきの土器も出土しています。縄文の文様がもっとも発達し、複雑なひねりを加えた土器も登場します。

中期には文様や装飾のバリエーションがさらに増え、粘土紐で装飾された土器が盛んに作られました。後期には文様が繊細になり、装飾よりも機能が重視されます。美しく飾られた土器と文様の少ない土器が作り分けられました。光沢を出す技法も用いられました。

そして晩期の縄文土器には、先に紹介した亀ケ岡遺跡で出土したもののように、浮き彫りや透かし彫りなどの高度な技術が見られます。いずれも、日本独自に発達した技術によるものとされます。

謎に包まれた文様

縄文土器の文様は、名前の由来のとおり縄を転がした縄文が多く、土器の大部分は文様で埋めつくされています。さらに粘土を盛り上げたり、彫刻のように彫ったりする立体的なデザインも特徴です。

中期の中ごろには「火焔土器」と呼ばれる特徴的な土器が作られました。**燃えさかる炎のような4つの鶏冠状把手や鋸歯状突起など、世界に類を見ない複雑なデザイン**です。こうした火焔土器は、信濃川流域で多く見つかっています。

これらの文様は、ただの飾りではなく、人々の祈りや感謝の気持ち、あるいは祖先から伝わった物語を表現したかのような例が数多く見受けられます。くねくねとして現代人には醜いとさえ感じられるような文様も、猪や蛇などを表現していたり、縄文人があがめていたと思われる神様を表しているようにも見えます。

約1万年という非常に長い期間続いた縄文時代の人々は、狩猟や漁労の様子から、

◉火焔土器

新潟県長岡市の馬高遺跡から出土したとされる火焔土器。

すぐれた採集技術をもっていたことがわかっています。また、祭祀の様子や発達した装身具類などから、豊かな精神世界をもっていたと考えられています。

土器に見る縄文から弥生への移り変わり

紀元前4世紀ごろになると、九州から東海地方で弥生土器が縄文土器に代わっていきました。その後、縄文土器の使用地域は次第に東北地方へと後退し、ついに姿を消していきます。

縄文土器と弥生土器には、いくつかの違いがあります。弥生土器のほうが縄文土器よりも硬く、薄いこと。また、にぎやかな模様の縄文土器に比べて、弥生土器の模様は比較的簡素なものが多いようです。

かつて縄文土器と弥生土器の違いは、それぞれの土器を使った民の違いではないかという考え方がありましたが、現在は縄文土器を基本として次第に独自の弥生土器が誕生したと見られています。私たちは縄文土器から食生活や流通そして祭祀までを知ることができます。さらなる分析や調査で、新たな発見があるかもしれません。

漆器

「ジャパン」と呼ばれる日本を代表する伝統工芸品。

漆の木から採った漆には数多くの効能があり、漆を塗った漆器にもさまざまな特徴がある。

縄文・弥生の時代から活用され、仏像や仏具に使われて発達した漆工芸は、やがて庶民の暮らしにまで広く普及する一方、すぐれた工芸品として海外の人をも魅了するようになった。

明治以降、生活様式の変化などにともなって、漆器の生産量は落ち込んでいたが、近年、デザイン性の高さが見直され、インテリアとしても使われるようになっている。

約9000年前

ヨーロッパの王侯貴族が高評価

陶磁器は英語で「チャイナ」と呼ばれ、漆器は英語で「ジャパン」と呼ばれるように、それらを制作した代表的な国名がついています。漆を塗ることによって得られる独特の鮮やかな赤や黒の色合いは、ヨーロッパの人々に大きな驚きをもたらしました。漆器などの漆工芸品、とくに日本独自の漆芸の技法である精巧な蒔絵はヨーロッパの王侯貴族に高く評価されていました。

日本の漆器をまねて、ヨーロッパでも漆芸品を作るようになったほどです。ただし、ヨーロッパには漆の木がないため、亜麻仁油やコパーオイルなどの樹脂やオイルに黒色の粉末を混ぜたもので代用します。ただし、それらの肌合いや色艶などは、本物にはおよぶべくもありませんでした。

江戸時代には幕府の奨励もあって、日本の主な輸出品として漆工芸品が盛んに輸出されていました。ヨーロッパでは、日本の蒔絵や漆塗りの工芸品を「ジャパン」と呼ぶようになり、英語として定着しました。

日本で発掘された世界最古の漆器

かつては、約３６００年前～３０００年前の中国の殷（商）の時代の遺跡から発掘された漆器が最古のものと言われていました。しかし、**平成13（2001）年、北海道函館市の「垣ノ島B遺跡」から発見されていた赤漆塗りの装飾品が、約9000年前の縄文時代前期の漆器、つまり世界最古の漆器だと確認されました。**

漆の木の樹液を精製して作る漆は、縄文時代においては、土器の接着や装飾に使われていました。漆を塗った木製品や装身具も三内丸山遺跡（青森県）などから出土しています。

漆が利用されたのは、抗菌力があるからだといわれています。つまり、漆を塗ったものには菌がつきにくくなるのです。また、防腐力があることも知られています。漆が水や湿気を防ぐため、木が腐るのを防いでくれます。

弥生時代になると、漆を塗った武器が登場します。ただし、東北・関東では漆工作物の出土数が激減します。代わって西日本で盛んに漆を利用するようになったようです。古墳時代には、皮革製品や鉄製品なども漆で加工するようになり、漆を塗った柩の内側に埋葬する例も見られます。

飛鳥時代には、仏教が伝わったことによって、仏具の制作が盛んになります。法隆寺に安置されている玉虫厨子《たまむしのずし》の側面に描かれている「捨身飼虎図」は、仏教と漆が初めて結合した作品といわれています。法興寺（現在の飛鳥寺）の堂宇は、漆塗りに黄金で彩色されました。

奈良時代になると、仏教の発展とともに、漆を用いた仏像造りが盛んになります。代表例は、脱乾漆という技法で作られた興福寺の阿修羅像です。脱乾漆とは、粘土で作った原型に麻布を張り合わせ、その上に木粉と漆などを練り合わせたものを使って下地を漆で整えた後に、漆を塗って仕上げるという非常に複雑で高度な技術です。

大宝元（７０１）年に施行された大宝律令により、大蔵省の管下に「漆部司」が置かれ、その下に漆部を置いて漆器を作らせ、さらに、漆の木の人工植栽も行っています。このころ、漆の生産は国家事業でした。

螺鈿《らでん》や蒔絵《まきえ》といった加飾技法が確立し、箱や机、瓶や楽器などにも漆がほどこされるようになりました。

平安時代に入ると、漆器の名品が多数作られるようになります。中でも、平安貴族の優雅な生活ぶりが垣間見られる「片輪車《かたわぐるま》蒔絵《まきえ》螺鈿《らでん》手箱《てばこ》」に代表される、芸術性の高い作品が生み出されました。

平安時代末期に、奥州の藤原清衡によって建立された**中尊寺金色堂は、お堂全体が蒔絵と螺鈿、そして厚い金箔で覆われています。**漆芸術の頂点をきわめた建造物として、世界的に高い評価を受けています。

昭和39（1964）年から行われた「昭和の大修理」で製作主任を務め、後に蒔絵の重要無形文化財保持者（人間国宝）となった大場松魚が修理を振り返って「恐ろしい再生の仕事に取り組んだ」と言ったように、中尊寺金色堂の技術の高さと規模に人々は感嘆の声を上げたという逸話が残っています。

平安時代後期になって中央政府の権力が衰えはじめると、塗職人は地方の富豪層の

◉片輪車蒔絵螺鈿手箱の切手

昭和43（1968）年に「国宝切手シリーズ」のひとつとして発売された。

求めに応じて散らばり、各地で仕事をするようになっていきます。

江戸城内にあった工房

鎌倉時代、地方へ分散した塗職人は、庶民向けの簡素な漆器を作ったほか、スタンプ状のものに赤色漆を塗って器に押しつけて作る「型押し漆器」を安価で量産しました。また、この時代に蒔絵表現が細密化し、立体的な「高蒔絵」技法が生まれました。

室町時代には、将軍の庇護のもとで多くの名工が活躍し、現在行われている漆工芸のほぼすべての技法が確立されたと考えられています。多数の名品が生まれたほか、漆器の生産と使用が全国的な広がりを見せました。

さらに、戦国時代末期になると、茶の湯の確立とともに、茶人の趣向に合った漆器が数多く誕生します。加えて、南蛮文化の流入によってもたらされた、欧風をモチーフとした「南蛮漆器」も作られるようになります。とくにイエズス会の宣教師たちの要望に応えて、蒔絵を使ったさまざまな道具類が作られました。スペインの教会や修道院には、16世紀に日本から渡った南蛮漆器が残されています。日本に初めてキリスト教を伝えたフランシスコ・ザビエルの出身地であるナバーラにも、数多くの南蛮漆器が保存されています。

江戸時代になると、**幕府に仕えた漆職人らによって、精巧で豪華な蒔絵の調度類が多数作られました。**長期にわたった江戸城の築城にともなって、建築、家具、食器などの大量の需要が生まれ、城内に設けた御細工場を中心に、京都や駿府などから多数の漆職人が集められました。

やがて彼らは、庶民向けの漆器も作るようになり、生活用品としての漆器が普及していきます。

諸藩も苦しい財政事情を好転させようと、漆器の特産品を作りました。こうして

◉会津漆器

木材から形を整える職人、漆を塗る職人、蒔絵や沈金（漆の上に金箔や金粉を埋め込む）を行う職人の分業によって作られる。

会津、輪島、根来などの産地が誕生していきます。

会津漆器の生産が盛んになったのは、戦国時代末期に領主となった蒲生《がもう》氏郷《うじさと》が、漆職人を呼び寄せたことがきっかけです。江戸時代には会津藩の藩祖・保科《ほしな》正之《まさゆき》が漆の木の保護育成に努め、歴代藩主も技術革新に熱心に取り組んだ結果、会津漆器は隆盛を迎えました。

戊辰戦争の余波で会津は壊滅的な打撃をこうむりましたが、明治時代中期に復興を果たし、現在も日本有数の漆器の産地として知られています。

漆器収集家だったマリー・アントワネット

江戸時代、オランダを通じてヨーロッパにもたらされた蒔絵や螺鈿といった豪華な漆工芸の調度品が、王侯貴族にもてはやされました。たとえば、フランス革命の一因になったともいわれる王妃マリー・アントワネットは漆器のコレクターとして知られています。

マリー・アントワネットは、オーストリア大公妃である母マリア・テレジアから譲り受けた漆器類を中心とする日本の漆器コレクションを有していました。

フランス革命の最中、ヴェルサイユ宮殿を離れることになったマリー・アントワネットは、漆器コレクションの大部分を高級美術商であるダゲールに委託していました。これは、集めた漆器類の散逸を避けるためといわれており、王妃がいかに漆器を愛していたのかを物語っています。

明治時代になって、ヨーロッパ各国で開催された博覧会において、漆工品は日本の代表的な工芸品として紹介され、各種の賞に輝くなど、ますますヨーロッパでその価値を認めらるようになります。

明治4（1871）年に日本を発ち、欧

漆器のこぼれ話

長野五輪用に作られた漆のメダル

平成10(1998)年に開催された長野冬季オリンピックでは、勝者の胸を飾った金・銀・銅合わせて約500個のメダルに漆がほどこされました。

冬季オリンピックのメダルには、夏季とは異なり開催地の個性が生かされるのが特徴です。

日本でオリンピックが開催されるのであれば、日本を代表する工芸である漆を使ったメダルを作るべきではないかという、木曽の漆器職人・伊藤猛の発案によって実現しました。

30もの工程を経て作られた美しい絵の技法はもちろん、五輪史上初めてメダルに多色が使われたことでも話題になりました。

米12カ国を歴訪した岩倉使節団は、欧米の博物館に日本の工芸品が陳列されているのを見て、漆工品を含む日本の工芸品の欧米での評価を理解したといわれています。明治23（1890）年に、皇室が日本美術、工芸の保護奨励を目的として帝室技芸員制度を作り、漆部門も設けられました。

皇室が国賓に渡すお土産に

明治時代の終わりから大正時代にかけて、漆器は輸出品の中でも重要な品目になっていきました。欧米でジャポニズム、すなわち、日本の物品や美術品に対する関心が非常に高くなったこともあって、漆器が大量に作られるようになったのです。

さらに良いものを作ろうと、大正時代の終わりには、漆工芸の作家の活躍がはじまります。皇室が国賓に漆器をお土産とするようになったことも、漆工芸の芸術的価値を高めることに大いに役立ちました。

約９０００年前にはじまった日本の漆器作りは、現在、食器としてだけではなく伝統工芸のひとつとして技術が連綿と受け継がれています。

納豆

煮豆とワラとの出会いによって生まれた自然食品。

★

縄文人がすでに食べていたともいわれる納豆。誕生については謎が多いが、煮豆とワラとの出会いによって生まれたのは、間違いないことだろう。現在はたんぱく源として人々に食されているが、庶民がごく普通に食べるようになったのは、江戸時代のことだ。そして、庶民の食卓の定番となった。

簡単に作ることが可能ということもあって、長く機械による生産が進まなかった納豆だが、大正時代になって、現在に続く生産体制が整うことになった。

縄文時代

縄文時代から食べられていた納豆

日本人は、いつから納豆を食べはじめたのでしょうか。はっきりしたことはわかりませんが、中国大陸から稲作が伝わった縄文時代の終わりごろには、すでに食べていたのではという説があります。納豆の基になる大豆は、縄文時代の終わりに日本に伝わったとされます。

縄文人は竪穴住居の床に稲ワラを敷いていました。納豆を作るのに欠かせない納豆菌は枯草菌《こそう》の一種で、空気中や枯れ草、稲ワラなど、身近なところにたくさんひそんでいます。納豆菌は暖かく、湿ったところを好む性質があるため、保温保湿性にすぐれた稲ワラは、納豆菌にとっては格好のすみかです。

米や大豆の栽培が普及した弥生時代に、納豆のような食べ物があったという説もあります。弥生人は、ヤマイモをすりおろして（現在のトロロ汁のようなもの）、生で食べていたようで、糸を引く豆もそれほど抵抗なく食べることができたのかもしれません。

納豆の誕生にはさまざまな説がありますが、いずれにしても煮豆とワラとの出会いがきっかけだと考えられています。全国納豆協同組合連合会のウェブサイトによると、日本産の稲ワラ1本には、約1000万個もの納豆菌が胞子の状態で付着しており、ワラを束ねて「苞《つと》」という容器を作り、その中に煮豆を詰めておけば、煮豆が糸を引くようになるそうです。

弥生人はそのまま食べるには硬い大豆を、土器で煮て食べました。ただし強度の問題で長時間煮ることができなかったため、つぶして熱を通りやすくしてから煮たとされます。

もし煮豆が床に敷いた稲ワラの上にこぼれたとしたら、煮豆には稲ワラをすみかとする納豆菌がつきます。**竪穴住居の適度な暖かさが一種の発酵室のようになり、納豆が誕生したとしても不思議ではありません。**

馬のエサを人間が食べた⁉

納豆の誕生には、平安時代後期の武将、源義家が関連しているという説もあります。

現在の東北地方へ遠征した義家は、前九年合戦、後三年合戦で安倍氏、清原氏を討伐しました。これがきっかけとなり東北地方を中心に、義家と納豆誕生に関する逸話がいろいろと残っています。

当時の戦いには、馬が欠かせませんでした。その馬の飼料は大豆でした。義家は大豆を煮て乾燥させ、俵に詰めて遠征に持っていきました。

後三年合戦で敵の清原家衡が金沢《かなざわの》柵《き》に立てこもり、戦いが長引いてしまいました。馬の飼料である大豆が不足してしまったため、義家は急きょ、農民に大豆を提供させました。しかし、急いでいたこともあって、農民は煮た大豆をあまり冷まさずに熱いま

◉納豆発祥の石碑

秋田県横手市の金沢公園には、「納豆発祥の地」をうたう石碑がある。この地において、後三年合戦が行われたとされる。

ま俵に詰めて差し出したそうです。
するると、数日たって煮豆は臭いを発し、糸を引いていました。この煮豆を食べてみるとおいしかったことから、馬ではなく兵たちの食料になったという説です。

ワラに包むのは日本発の製法

記録上、納豆が登場するのは、平安後期に書かれたとされる藤原明衡の『新猿楽記』に、好きな食べ物として「塩辛納豆」と記載されたのが最初のようです。

納豆は大別すると「糸引き納豆」「五斗納豆」「寺納豆」の3種類があります。

●糸引き納豆……蒸した大豆に納豆菌を加えて発酵させたもので、もっとも一般的な納豆。

●五斗納豆……糸引き納豆に米麹と塩を加えて発酵させたもので、山形県米沢地方の郷土食。「雪割納豆」とも呼ばれる。

●寺納豆……大豆から麹《こうじ》を作って塩水につけ、数カ月熟成させてから乾燥させたもの。「塩辛納豆」とも呼ばれる。

なお、中国には北京語で「豆」と呼ばれる食べ物があります。色は黒く、塩気が効いており、臭いは味噌風ですが、味や香りはさまざまです。この豆は、寺納豆にかなり近いものです。また、ネパールの「キネマ」やインドの「バーリュ」などは、糸引き納豆に似ています。

中国にも蒸した大豆を包んで作る糸引き納豆があり、それが伝わったという説もあります。ただ、**ワラに包むという製法は、日本で発明されたものとされています。**

戦国時代に茶道を大成した千利休は、天正18（1590）年から翌年にかけての茶会記を記した『利休百会記』の中で、天正18年に7回、茶事で「納豆汁」を出したという記録があります。

一方、通常の納豆と違って粘りのないのが浜納豆です。栄養価が高く保存性にすぐれていることもあって、戦国時代には兵糧として重宝されました。徳川家康は浜納豆がお気に入りで、戦場に持参したと伝えられています。朝鮮出兵の際、加藤清正軍が空になった味噌袋に煮豆を入れて運んでいたところ、馬の背で温められた煮豆が納豆になり、兵士が食べたという逸話もあります。

江戸時代には朝食の定番に

庶民の間で納豆が幅広く食べられるようになったのは、江戸時代になってからのことです。醤油が安く手に入るようになったことが、納豆の普及に一役買ったともいわれています。

納豆は、もともと現在のように一年中食べられるものではなく、おもに冬の食べ物でした。江戸時代中期以降になると、大都市では一年中食べられるようになりました。それだけ納豆は人気があったということでしょう。

江戸詰めの紀州藩医が記した『江戸自慢』という見聞録には、「からすの鳴かぬ日はあれど、納豆売りの来ぬ日はなし。土地の人の好物なる故と思はる」との記述があります。

江戸の朝は、納豆売りの「なっと、なっと、なっと〜」という、威勢のいいかけ声とともにはじまりました。ざるにワラを敷いてその上に大豆をのせ、室《むろ》に入れてひと晩発酵させた「ざる納豆」が一般的で、納豆売りはこのざるを天秤棒で担いで量り売りをしていたそうです。
納豆売りは川柳などにもしばしば登場しています。

納豆と蜆《しじみ》に朝寝おこされる

納豆売りから買った納豆と、炊きたてのご飯と味噌汁が、庶民の定番の朝食でした。つまり**江戸時代には、納豆が庶民のものになったと同時にご飯、納豆、味噌汁という現在まで続く朝食の定番ができあがりました。**
ちなみに、関西では納豆嫌いの人が多いといわれますが、実際には元禄時代まで納豆売りは京都や大坂にもいました。人気がなかったのか江戸時代後半には姿を消しましたが、納豆そのものは自家製で食べていたようです。

駅前広場から知名度を上げた水戸納豆

納豆といえば、水戸のイメージが強いかと思いますが、水戸が納豆で知られるよう

◉納豆売り

明治時代の納豆売り。このころも「なっと〜」というかけ声だったことがわかる。

になったのは、じつは明治時代になってからのことです。

明治22（１８８９）年、茨城県水戸市と栃木県小山市をつなぐ水戸鉄道（現・ＪＲ水戸線）が開通し、たくさんの旅行客が水戸駅前を賑わすようになりました。

同年に創業した水戸天狗納豆は、水戸の駅前広場で旅行客への土産物として納豆を売り出します。当時の納豆の売り方は、行商人が一度にたくさんの納豆を担いで、得意先を１軒１軒回って買ってもらうという大変な重労働でした。しかし、**人が集まる駅前広場なら、移動せずに販売することができます。このアイデアは見事に的中し、水戸の土産物として納豆は高い人気を得ました。**

土産物として持ち帰られた納豆は、それぞれの地域で食卓にのぼり、納豆といえば水戸というイメージを定着させていったのです。

水戸は小粒大豆の産地でした。小粒大豆は早生で、3カ月程度で完熟し、収穫が可能です。もともと大粒の大豆から作る納豆のほうが人気で、小粒のものはあまり好まれていませんでした。

しかし、納豆にすると、その口当たりが独特の風味を醸し出したのです。こうして主流となった小粒納豆は、全国的に評判になりました。

現在、さまざまな種類の納豆を手軽に入手できます。粒の種類だけでも、大粒・中粒・小粒・ひきわりがあり、納豆に使われる大豆、納豆を包んでいる容器によって風味が変わります。自分の好みの納豆を見つけて、長く付き合いたいものです。

納豆のこぼれ話

お坊さんの貴重なたんぱく源だった!

納豆という名前は、お寺の納所、つまりお寺の台所で作られたことに由来するという説があります。

仏教の戒律によって、肉食が禁じられ、動物性たんぱくをとることができなかったお坊さんたちにとって、納豆は貴重なたんぱく源でした。

また、煮豆を神棚にお供えしたところ、神棚を飾るしめ縄についていた納豆菌によって、煮豆が納豆に変わったという言い伝えがあり、「神に納めた豆」という意味から納豆と呼ばれるようになったという説もあります。

豆を腐らせたと書く「豆腐」と箱に納められた豆と書く「納豆」は、名前と言葉の意味が入れ替わっているといわれますが、これは俗説です。

日本酒

口で噛むことからはじまり、製造法が進化した飲み物。

怪物・ヤマタノオロチは、酒を飲んで酔ったあげく眠り、スサノオノミコトに退治された――これは６００～７００年代に編纂された『古事記』『日本書紀』に記されている神話だ。

それよりはるか昔、弥生時代には口の中で米を噛んで酒を造っていたという。その製造方法は奇抜だが、科学的に見ると理にかなっている。その後も「国家事業」として酒が製造されるなど、独自の技術によって世界に誇る「ＳＡＫＥ」となった。

日本人はどのようにして酒を造り、進化させてきたのか。

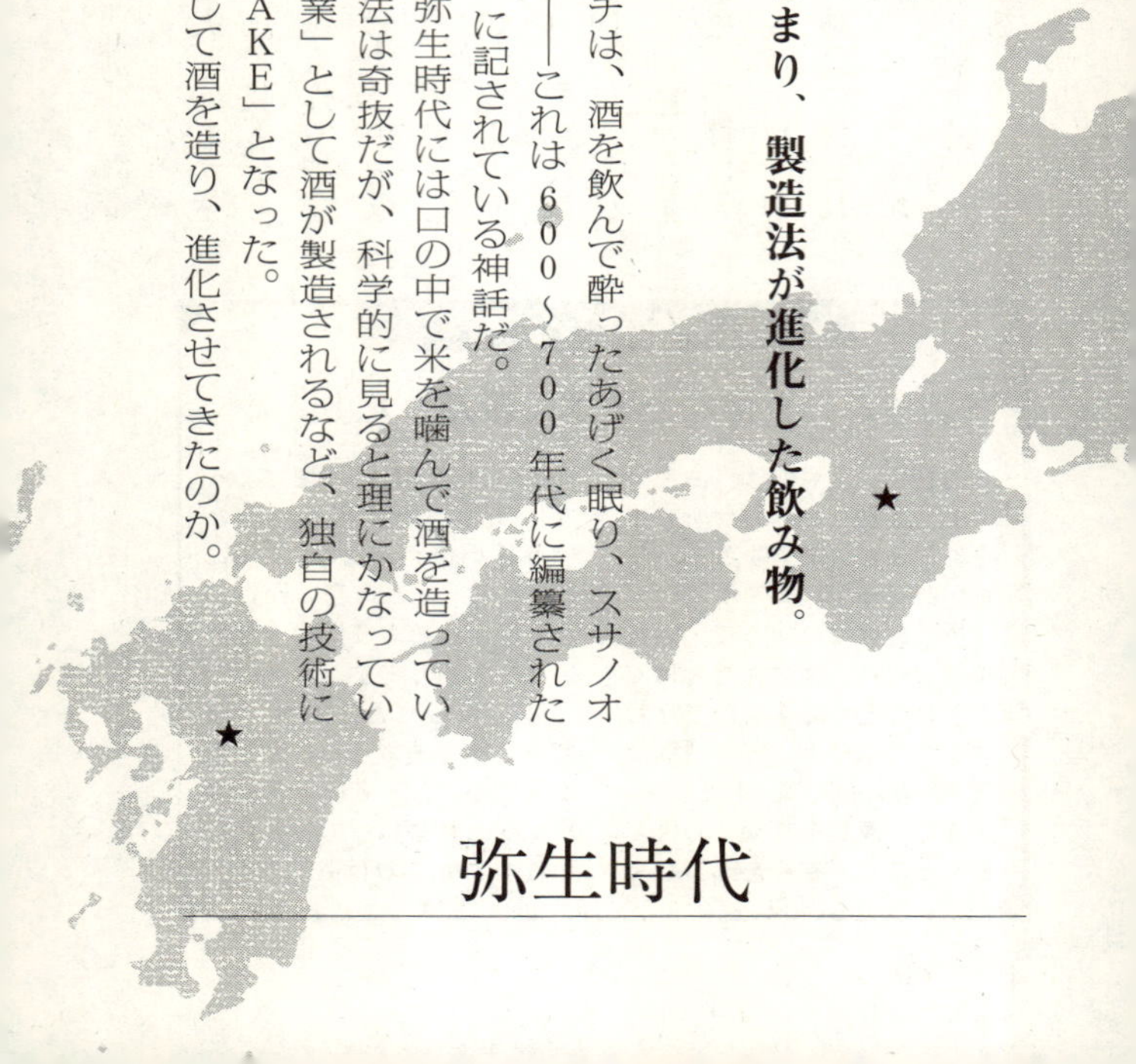

弥生時代

唾液に含まれる酵素で酒造り

酒という言葉の由来には、諸説あります。

①「酒＝栄之水」。この栄（サカエ）が省略されてサケになった

②「栄のキ」という言葉から生まれた。キは御神酒（オミキ）のキ。サカエノキが短くなってサキになり、やがて、キがケに転声してサケになった

③酒を飲めば邪気を避けることができる。つまり、「避ける」がサケになった

いずれにしても、邪気を避け、繁栄を願う飲み物として酒が尊ばれてきたということは間違いありません。

酒の歴史は非常に古く、その発生は、有史以前にさかのぼると考えられています。そもそも酒は果実が偶然にアルコール発酵をした結果として生まれたもので、人類が意図的に造ったものではなかったようです。

日本の酒の歴史をたどると、3世紀に書かれた『魏志倭人伝』の中に「喪主泣シ、他人就ヒテ歌舞飲酒ス」「父子男女別無シ、人性酒ヲ嗜ム」とあります。それが米を

原料とする酒なのか、米以外の穀類、あるいは果実を原料として造られた酒なのかはわかっていません。

米を原料として酒が造られるようになったのは、縄文時代から弥生時代にかけて、水稲農耕が定着したあとでした。九州、近畿では加熱した穀物を口でよく噛み、唾液に含まれる酵素（ジアスターゼ）で糖化して野生の酵母によって発酵させる「口噛み」という、もっとも原始的な方法で作られていました。酒を造ることを「醸す」といいますが、その語源は「噛む」だといわれています。

発酵には、糖分が必要とされます。ブドウのような果実やハチミツのように最初から糖分を含んでいるものは、条件さえ整えば自然に発酵します。ですが、糖分を含まない原料を発酵させて酒を造るには、知恵と技が不可欠でした。

世界に例を見ない「並行複発酵」

日本酒のおもな原料は米ですが、米には糖分が含まれていません。米から酒を造る**秘密は「並行複発酵」です。糖化と発酵のバランスをとりながら並行して発酵を進め**

る、世界にも例を見ない醸造方法に隠されています。

並行複発酵は、科学的な分析技術をもたなかった先人の知恵と経験、そしてたぐいまれな技によって確立されたものです。ちなみに、中国の醸造酒の代表といえば紹興酒です。主原料である精白したもち米を20日間近くも水に浸し、その際にできた酸性の水を仕込み水にするという変わった製法で造られています。

米を原料として酒を造るには、まずデンプンを糖化する必要があります。古代には消化酵素であるジアスターゼを含む唾液を加えることによってデンプンを糖化させ、アルコール発酵させていたわけです。

その後、日本各地で酒造りが普及し、『古事記』や『日本書紀』『万葉集』にも見られるようになります。

島根県の出雲地方には『古事記』や『日本書紀』に登場する「八《や》塩折《しおり》

◉ヤマタノオロチの退治

酒を飲んで酔っているヤマタノオロチの首を切り落としている。

之酒」の逸話が伝えられています。スサノオノミコトが、村人を苦しめていたヤマタノオロチに飲ませ、酔わせて退治したのが八塩折之酒です。

酒造りは国家事業

奈良時代のはじめ、百済から渡来した須須許里《すすこり》が麹《こうじ》を使った酒造りを伝えたと『古事記』に記されています。そこから、この手法による酒造りが普及しました。造酒司という役所が設けられ、国家による醸造体制が整備されていきます。麹を使った醸造法は、現在も続いています。麹はカビ（菌）の一種で、正確には黄麹菌といいます。麹は米に含まれるデンプンを糖化します。

じつは醸造によって造られる酒の中では、日本酒はもっともアルコール度数が高いといわれています。他の国々の強い酒は、醸造された酒を加熱して気体化したアルコールを液体に戻した蒸留酒です。**醸造された時点で20度を超えるような酒は、日本酒しかありません。**

なお、日本酒のアルコール度数は15から16度程度が多いようです。そのわけは、日本酒は、基本的に酵母を使ったアルコール発酵のみで造られるのですが、糖分を食べることによってアルコール発酵を行う酵母は、アルコール度数が20度を超えると死滅し、新たなアルコール発酵ができなくなるからです。

平安時代中期に編纂された『延喜式』には米と麹、そして水で酒を仕込む方法やお燗について記載されています。この時代のハレの日の食事には酒は不可欠でしたが、酒がひんぱんに庶民の口に入ることはありませんでした。

平安時代には、「僧坊酒」が造られました。これは高野山などの寺院で醸造された酒で、非常に高い評価を受けていました。

◉米麹

白米に黄麹菌を繁殖させたもの。黄麹菌は酒以外に醤油や酢、みりんなどの調味料にも使われる。

平安末期から鎌倉時代、さらに室町時代にかけて、酒は米と同等の経済的価値をもつ商品となり、広く流通しました。京都を中心として「柳酒屋」「梅酒屋」などの造り酒屋が誕生したという記録が残っています。

南北朝時代から室町時代初期にかけて書かれた『御酒之日記』にも、今でいう麹と蒸米と水を2回に分けて加える段仕込みの方法や乳酸発酵の応用、木炭の使用などが細かく記されています。このころに、現在の清酒造りの原型がほぼ整ったといえるでしょう。

地域ごとに使われる米や水が異なると、味が変わります。これも日本酒のユニークな特徴といえるでしょう。また、大きな桶を作ることが可能になり、酒の生産量は飛躍的に増えました。そのほか蒸留技術が伝来したことによって、日本の蒸留酒(焼酎)造りの原型もできていきます。

戦国武将と酒の逸話

いつ命を落とすかわからない緊迫状態にあった戦国武将は、酒に関する逸話に事欠きません。たとえば、織田信長。天正2（1574）年の元日、信長は徳川家康や重臣たちを岐阜城に招いて盛大な宴会を催しました。

宴も佳境に入ったころ、「皆に見せたいものがある」といって運ばせたのは、前年滅ぼした宿敵の浅井久政・長政父子と朝倉義景の3人の頭蓋骨に漆を塗って金粉をまぶした、髑髏《どくろ》の盃《さかずき》でした。

「越後の虎」と呼ばれた上杉謙信は、かなりの酒好きで知られています。味噌や梅干し程度の肴しか食べず、「馬上盃」といわれる直径12センチ前後の大盃で酒を飲んでいました。馬上でも飲み、絵師に自分の後姿だとして盃を描かせたという逸話も残されています。

そんな謙信の死因は、酒であるとの説が有力です。春日山城内の厠で倒れた原因は、日ごろの大酒からくる高血圧だったと推測されています。

「酒は飲め飲め　飲むならば～」ではじまる福岡県の民謡・黒田節。もちろんこれに戦国の逸話が関係しています。

黒田長政に仕えていた母里太兵衛は、ある日、福島正則の下へ使者として遣わされました。正則はその日、朝から酒宴を行っており、太兵衛に執拗に酒をすすめました。

◉母里太兵衛の像

福岡県福岡市にある。右手に日本号、左手に盃を持っている。

太兵衛は自他ともに認める酒豪ながらも、使者であるからと禁酒を誓い、固辞し続けました。

何度かの押し問答があった末、正則は「この大盃に注いだ酒を見事飲み干したら、好きな褒美をやろう」といい、さらに「黒田家の者は酒も飲めないのか」と、太兵衛を挑発します。

主家を侮辱された太兵衛は、大盃に注がれていた酒を続けざまに2杯を飲み干し、「日本号」を所望しました。日本号とは、足利義昭、織田信長、豊臣秀吉らの手を経て、正則が所有していた名物の槍です。

正則はしぶしぶ褒美として日本号を差し出し、太兵衛はそれを手に平然と帰路につきました。

ヨーロッパより進んでいた酒焚の技術

さて、酒造りの話に戻りましょう。

江戸時代の初めまでは、新酒、間酒、寒前酒、寒酒、春酒と1年間に5回も仕込んでいました。やがて寒い冬に仕込む「寒造り」の酒の質が高いことがわかってきました。酒の質の良し悪しだけではなく、寒い時期は空気中の雑菌の繁殖を防ぎやすいことや農閑期の農民を蔵人として確保できることなども都合がよく、酒造の主流になっていきました。

また、江戸時代には「酒焚《さけだき》」という火入れ殺菌が行われていました。「酒焚」の原理は、フランスの学者・パスツールがワインの腐造防止策として1865年に発表した「低温殺菌法」と同じです。100度未満の低温の状態を保つことで、ビタミン・糖類・たんぱく質などを、変質・破壊することなく殺菌できるのです。

日本人は、パスツールが発表する200年も前から「酒焚」に効果があることに気づき、実践していました。

酒造りの本場は関西でしたが、大消費地は江戸でした。そこで登場したのが樽廻船です。積み荷が灘や伊丹といった摂津（現在の大阪府や兵庫県の一部）から江戸へと運ばれる酒樽だったため、「樽廻船」と呼ばれました。

それまでの酒樽輸送の主力だった菱垣廻船は、酒樽だけではなくほかの荷物も積んだため迅速性に欠けており、また輸送の途中で酒樽が破損するといった事故が相次いだことから、専用の樽廻船の登場となりました。

江戸時代後期には、その年の新酒を江戸まで早く運ぶことを競う「番船競争」も行われ、活況を呈しました。

◉樽廻船のルート

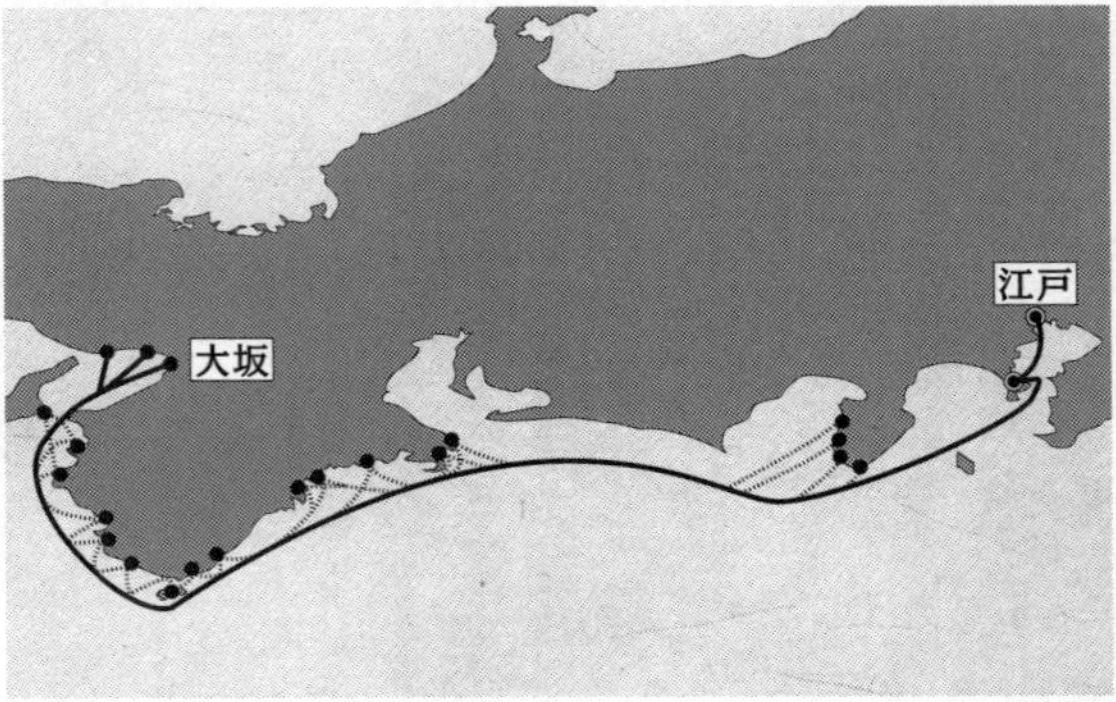

当時の二大消費地であった江戸と大坂を結ぶルートは南海路と呼ばれた。

化学に基づく酒造り

明治維新で富国強兵策がとられることになり、政府は税金の徴収を強化しました。酒はその対象となり、個人での酒造りは禁止されてしまいます。

それまで酒は木樽や壺に入れて量り売りされていましたが、明治19（1886）年にびん詰めが開始され、明治42（1909）年には1升びんが開発されました。**明治37（1904）年に国立の醸造試験所が開設されると、化学に基づいた酒造りがはじまります。**

昭和初期には、温度管理や微生物の管理が容易となるホーロータンクが登場するなど技術革新が相次ぎました。しかし、戦争がはじまった昭和14（1939）年に米の統制によって酒造りのための精米が制限されると、酒の生産量もそれまでの半分に制限されることになりました。

終戦後、日本の酒造りは苦難の道をたどりました。昭和10（1935）年に約407万石だった日本酒の生産量は、昭和20（1945）年に約84万石にまで減ってしまいます。

昭和5（1930）年には8000以上あった酒蔵も約3800に減ってしまいました。兵士の復員で飲酒人口が増えても供給量が追いつかず、闇市ではメチルやカストリ、バクダンなどと呼ばれた密造酒が大量に出回りました。

闇酒の横行は国民の健康を損ねるだけではなく、税収も落ち込むことから、米を原料としない酒の製法が研究されました。その結果、三増酒と呼ばれる日本酒の3倍あるいはそれ以上のアルコールを加えた酒が開発されました。

昭和50年代前半からは地酒ブームがはじまり、地方の酒蔵が純米酒や本醸造酒を売りはじめました。

世界で愛されるSAKE

日本酒は、いまや日本人だけの飲み物ではないと言っていいかもしれません。国内出荷量は減少していますが、輸出量は増えています。

平成28（2016）年の輸出数量は1万9737キロリットルと10年で倍増しまし

た。日本酒の輸出国は60カ国以上もあり、そのうちアメリカ、香港、韓国、中国、台湾の5つの国と地域が数量、金額で約7割を占めています。

同じ酒でありながら、度数や味の違いはもちろん、食前用・食後用などの飲み方ができるバラエティの豊富さも外国人の心をつかんでいます。ニューヨークでは日本酒を提供するSAKEバーが増えていたり、日本酒をメニューに取り入れている海外の高級レストランも少なくないようです。

誰もが気軽に海外旅行に出かける時代、見知らぬ国の見知らぬ町で、飲み慣れた日本酒に出会うこともめずらしくないかもしれません。

日本酒のこぼれ話

9升1合飲んだ人が江戸時代にいた！

江戸時代がじつに平和な時代だったということがよくわかるイベントがあります。文化12（1815）年に千住で行われた「千住酒合戦」です。

これは、誰でも参加できた酒の飲み比べ大会で、立会人として当時の著名な文化人が何人も参加したということもあり、江戸市中で大評判となった一大イベントでした。

結果として、男性では千住宿の松勘が9升1合、女性では千住宿のおすみが2升5合を飲み干したという記録が残っています。

9升1合ということは、約16.4リットル。これだけの酒を飲める人は現在もそうはいません。また、立会人も酒を飲みながら審査していたようです。

城

軍事拠点から地域のシンボルとなった建造物。

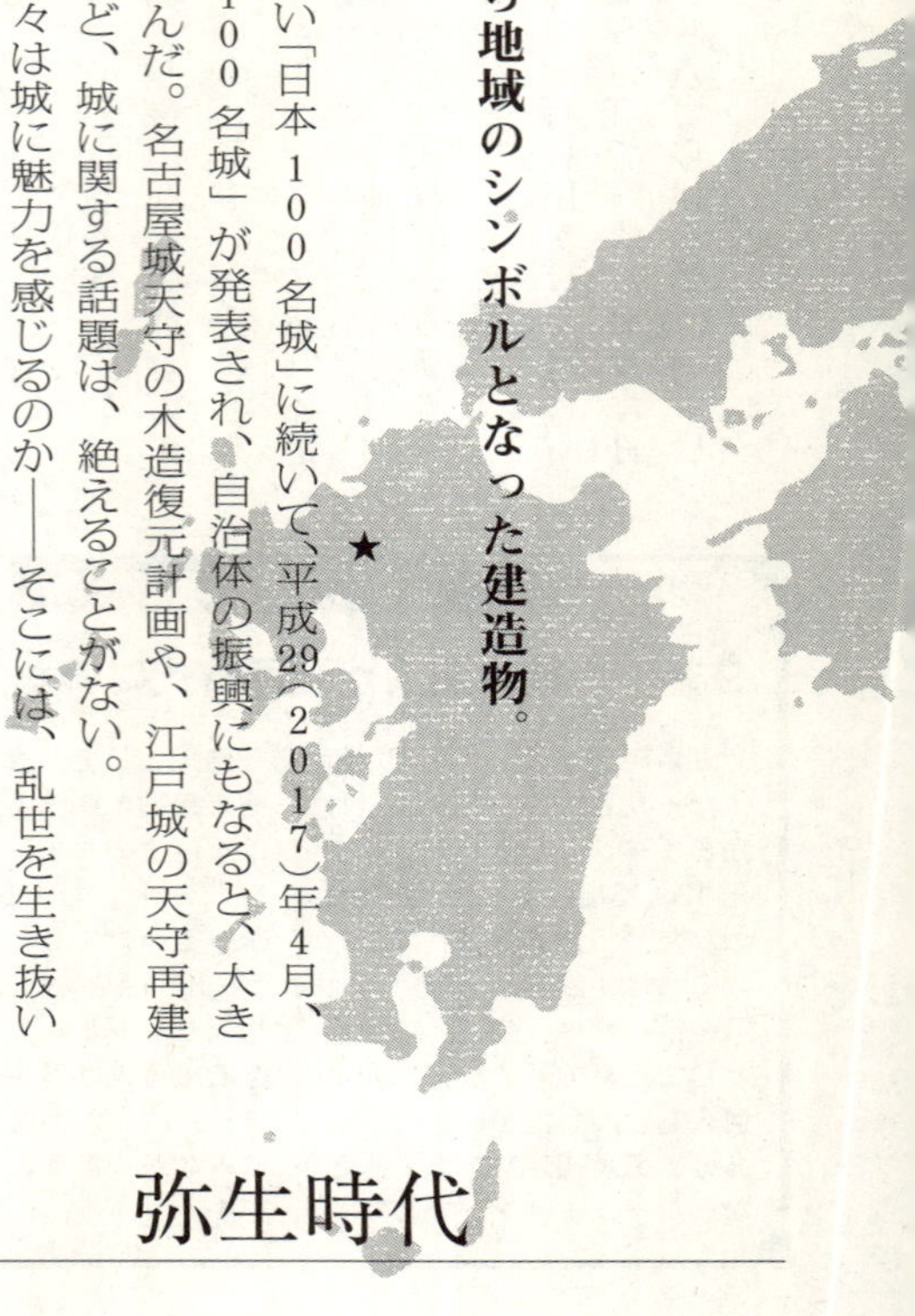

人気の高い「日本１００名城」に続いて、平成29（２０１７）年4月、「続日本１００名城」が発表され、自治体の振興にもなると、大きな話題を呼んだ。名古屋城天守の木造復元計画や、江戸城の天守再建推進運動など、城に関する話題は、絶えることがない。

なぜ、我々は城に魅力を感じるのか——そこには、乱世を生き抜いた武将たちの知恵と技術がぎっしりと詰まっているからだ。その構造と秘密に迫る。

弥生時代

城の復興は地域の復興

福島県白河市の白河小峰城は、平成23（２０１１）年の東日本大震災により、本丸南面の石垣が幅約45メートルにわたって崩落したほか、10カ所の石垣が破損しました。また、加藤清正が築き、西南戦争でも落城しなかった名城熊本城は、「平成28年熊本地震」によって、全長約２４２メートルの長塀のうち約１００メートルが倒壊し、東十八間櫓と北十八間櫓も崩壊、熊本城の象徴ともいえる大天守は屋根瓦が剥がれ、しゃちほこが落下、飯田丸五階櫓は石垣の崩壊が続き、櫓がいつ落下してもおかしくない状態となるなど、甚大な被害をこうむりました。

このふたつの名城の無残な姿は、国民に大きな衝撃を与えました。ともに現在、懸命な復旧作業が続いています。というのも、城は地域のシンボルであり、これを復旧させることが地域の復興につながると考えられているからです。しかし、そのためには長い年月と巨額の予算を覚悟しなければなりません。

さて、城とは一体どういうものなのでしょうか。

「土」から「成」る古代の環濠集落

「城」という文字は、「土」から「成」ると書きます。一般的には、弥生時代の環濠集落が城の起源とされています。定住生活の開始とともに、人々は外敵からの侵入や攻撃を防ぐ必要に迫られました。そこで、集落の周囲に堀を設け、さらに掘った土を使って土塁を築いた環濠集落の発展した姿が城といわれています。

その意味もあってか、**佐賀県の吉野ヶ里遺跡も、財団法人日本城郭協会が平成18（2006）年に定めた「日本100名城」のひとつに選ばれています。**

吉野ヶ里遺跡は、昭和61（1986）年からの発掘調査によって発見された日本最大級の弥生時代の環壕集落跡です。「クニ」の中心的な集落の全貌や、弥生時代700年間の移り変わりを知ることができ、日本の古代の歴史を解き明かすうえできわめて貴重な資料や情報が詰まっていると考えられています。

その一方で、望楼と見られる建物や二重の環濠と城柵を備えた集落は、日本の城のはじまりともいうことができます。

館から城への変遷

源平の戦いが起こった平安時代末期から鎌倉時代になると、武士たちは「館」で生活するようになりました。館は守りやすいように川の脇の小高い丘の上に建てられ、まわりを堀と高い柵で囲まれています。堀には狭い橋がかかっており、橋を渡り切ったところに門がありました。その奥に屋敷が建てられました。

鎌倉時代末期から南北朝の時代になると、武士は山の麓に館を築いて暮らしました。平時はそれで良いのですが、いざ戦いが起こると山上に築いた城に入りました。これは「詰の城」と呼ばれます。楠木正成が立てこもって幕府軍を撃退した赤坂城や千早城は、この代表格です。詰の城には「曲輪《くるわ》」が配置され、堀と土塁によって敵の侵攻を防ぐ工夫がなされていました。

常にどこかで合戦があった戦国時代の城は、いくつかのタイプに分けられます。

●山城

容易に敵に攻められないよう、山上に建てられた城です。代表例は、近年有名になった兵庫県朝来市にある竹田城。この城は時に雲海に浮かぶように見えるところから「天空の城」と呼ばれ、城ファン以外にも大きな注目を集めました。

また、美濃の岩村城、大和の高取城、備中松山城も代表的な山城です。

●平山城

平野の中の小高い丘などに建てられ、土塁や堀、曲輪などに囲まれた城です。江戸城や大坂城、姫路城、熊本城などが代表例です。

●平城

平地に建てられた城で、周囲は土塁や堀などに囲まれています。原型は、鎌倉時代から続く武家の館。代表例は、二条城や名

◉竹田城跡

曲輪のすべてを石垣で囲んでいたとされる。現在もその石垣の一部が残っている。

古屋城などです。

ほかにも、川や湖に面している水城（大津城・膳所城）、海に面している海城（高松城・今治城・中津城）といった分け方もあります。

攻めにくく、守りやすい日本の城

日本の城は、世界の城と比較しても非常に攻めにくく、守りやすいとされています。外国の城とのもっとも大きな違いは、城壁の有無でしょう。ヨーロッパやアジアなどの城の多くは、町全体を長大な城壁で取り囲んでいます。中国・漢の時代の首都・長安は、周囲約25キロ、高さ5メートルもの城壁で囲まれていたといわれています。見方を変えれば、町全体がひとつの城だったといえるかもしれません。

一方の日本の城は、一部を除いて城下町を囲むようには造られていません。城下町では一直線の道路が極力設けられず入り組んでいるなど、有事においては防御力を発揮しました。

このほかにも、日本人ならではの細かな工夫が随所にほどこされています。

たとえば「枡形虎口」の構造。**出入り口（門）を四角い土塁で囲み、侵入してくる敵を四方から攻撃することができました。**

本丸へと続く道は曲がりくねっており、石垣の上にある櫓や通路から鉄砲玉や矢を雨のように降らせることができました。

築城の名手たち

多くの城が造られた戦国時代はまた、築城の名手と呼ばれる人物を輩出しました。筆頭に挙げられるのは、藤堂高虎でしょう。高虎は、織田信長、豊臣秀吉、徳川家康と、天下の主が変わっても生き延び、伊勢津藩の藩祖になりました。その処世術も

◉枡形虎口

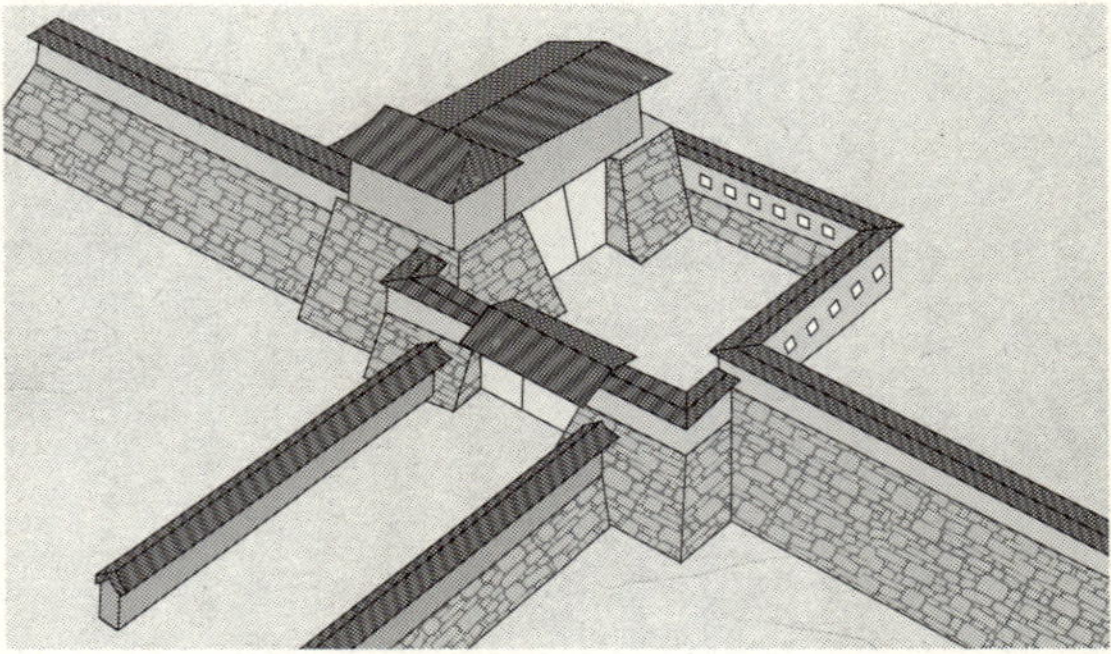

虎口とは出入り口のこと。攻めるほうは直線的に進むことができず、はげしい攻撃を受けることになる。

注目されますが、城造りの名手として知られていました。関わった城は20を超えるともいわれています。

高虎の城造りの特徴は、石垣を高く積む点です。伊賀上野城の石垣は、じつに30メートルもあります。高虎は石垣の強度を高めるため、石垣と堀との間に犬走りというスペースを設けました。

また、今治城では「層塔型天守」を取り入れています。それまで一般的だった「望楼型天守」は建造に手間がかかり、強度に難がありました。一方の層塔型は、規格化された部材を組み合わせるため強度が高く、工期もコストも大幅に削減できました。

戦国時代の築城の名手をもうひとり挙げるとすれば、加藤清正でしょう。清正が名人として注目を集めたのは、秀吉による朝鮮出兵の前線基地である肥前名護屋城を担当した際のことでした。その後、朝鮮半島では何度も苛烈な攻城戦に参加し、築城技術が磨かれました。

清正の城造りの集大成が、冒頭で紹介した熊本城です。熊本城はあくまで実戦を想定して造られています。城内には120もの井戸が掘られており、畳には芋茎《ずいき》が編み込まれ、壁には干瓢《かんぴょう》が塗り込まれています。どちらも籠城した際に食糧となります。

熊本城の石垣は「扇の勾配」とも呼ばれる、上に行けば行くほど覆いかぶさってくるような独特の曲線が特徴です。

石垣の上部には「忍び返し」という鉄串が備えられました。また、石垣の上の1階は大きめに造られており、床板をはずすとそこから石を落とすこともできました。石垣をよじ登ってくる敵への対策もぬかりなかったのです。

戦国時代の後半（安土桃山時代）になると、力まかせの城攻めは攻める側の犠牲が大きく、困難をきわめました。備中高松城、鳥取城、小田原城などを攻略して**城攻めが得意な印象のある豊臣秀吉が、いずれも兵糧攻めによって落としている事実からも、**

◉熊本城の忍び返し

小天守に備えられている。急勾配の石垣と鉄の串という二重の防御で、敵の侵入は難しい。

日本の城の防御力の高さがよくわかります。

無用の長物!? 天守の登場

現在、12の天守が往時の姿を見せています。城＝天守というイメージが強いかと思いますが、天守が造られるようになったのは戦国時代に入ってからです。

諸説あるものの、初めて天守が造られたのは、永正17（1520）年、摂津の伊丹城だといわれています。ただし、天守という名前の由来は不明です。その後、安土桃山時代から江戸時代初期にかけて、各地で盛んに天守が築かれました。

天守は、大きく分けて、以下のふたつの役割を有していたと考えられます。

①城内外の監視
高いため、城内だけではなく、城外を見渡すのにも役立ちました。

②権威の象徴
城下のどこからも見えて、城主の権威を示すために利用されました。

江戸時代、4代将軍家綱を補佐した保科正之が、明暦3（1657）年の明暦の大

◉現存12天守

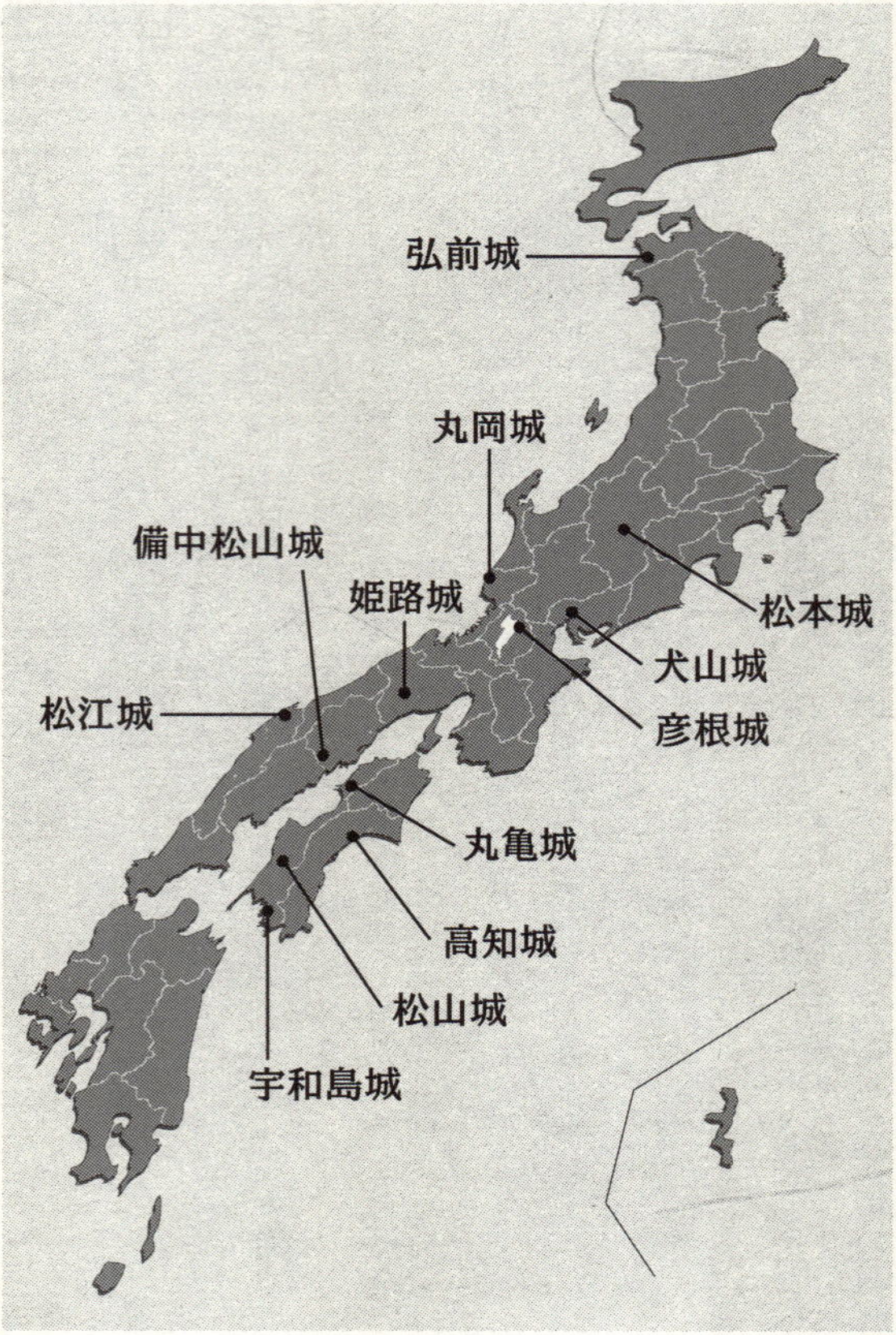

すべてが築城当時のままというわけではなく、一部は修復されたり古くに再建されたものも含まれている。

火で焼け落ちた江戸城の天守の再建話が出た際に、「平和な世の中には、天守など必要ない」といったことが、天守とは何かを端的に物語っているのではないでしょうか。

その後、6代将軍家宣の時代に、儒学者の新井白石によって天守の再建が計画されましたが、実現にはいたりませんでした。

五稜郭は時代に合わない存在

豊臣家を滅ぼした元和元（1615）年、徳川家康は、諸大名に居城以外の城をすべて破却するように命じました。これは「一国一城令」と呼ばれ、諸大名の軍事力を抑圧することをおもな目的としていました。

戦国時代には、大名のいる本城のほか支城が多数存在しました。もともと城をもっていた豪族を支配下に置いたり、新たに加えた領地の要所を守るために築かれたりしました。

諸大名の統制を目的として、同年7月に公布された「武家諸法度」では、新しい城を築くことを禁じるなど、家康が天下をとったことによって、城を取り巻く環境は大きく変わりました。

幕末の元治元（1864）年、箱館にそれまでの日本にはなかった、周囲の土塁が五角形の星形という日本最初の洋式城郭・五稜郭が造られました。**星形の城は郭内から射撃する場合、死角がないことが特長です。**ロシアの南下政策などに対応するため、伊予大洲藩出身の武田斐三郎《あやさぶろう》が西洋の築城書をもとに設計したといわれています。

ただ、そのわずか数年後に起こった戊辰戦争では、艦砲射撃によって五稜郭の望楼が破壊されるなど、すでに時代に合わない存在になっていました。

観光の目玉として復活

明治時代に入り、多くの城が破却されました。契機になったのは、明治6（1873）年に出された「廃城令」です。これは、城を拠点とした反乱が起こることを明治政府が恐れたからともいわれますが、多くの自治体が財政難で城の維持管理に大きな負担を感じていたのも事実です。

しかし、いったん姿を消した城は、地域のシンボルとして、あるいは大阪城の天守のように観光の目玉として、全国各地で復活を遂げています。

鉄筋コンクリートの天守が耐震性の不足や老朽化で問題になった名古屋城は、本来の木造に建て直す復元事業に取りかかっています。

また、姫路城の面積の2倍、体積が3倍という巨大な規模で、日本でもっとも壮大で美しい木造建築ともいわれる江戸城の天守を復元させようとの運動も盛んです。

かつて、城好きといえば、男性が圧倒的に多かったのですが、最近では「城ガール」と呼ばれる女性ファンが確実に増えています。外国人観光客も城に足を向けるなど、城ファンの裾野は確実に拡大しています。

城のこぼれ話

これも城!?「グスク」と「チャシ」

東北から九州にかけては、城にさまざまな共通点がありますが、沖縄や北海道では、異なる形式の城が独自に発展していました。

沖縄や奄美諸島では、「グスク」です。「グ」が石、「スク」が囲った場所を意味しています。

諸説ありますが、はじめは聖域として造られたグスクの一部が発展して城としての機能を備えていったという考え方が一般的です。

北海道の「チャシ」は、ほとんどが遺構のため正確な実態については明らかにされていません。ただ、軍事施設としての建物という要素以外にも、宗教施設や交易施設などの役割を担っていたと推定されています。

かな文字

豊かな日本語表現を生み出した、ひらがなとカタカナ。

日本語には漢字、ひらがな、カタカナという3種類の文字があり、読み書きで使われている。じつは3種類もの文字を使っている国は、日本だけである。

漢字だけでは不便ということで、万葉がなが生まれ、その後、ひらがなとカタカナが誕生した。おかげで、『源氏物語』や『枕草子』などの文学作品が生まれたともいわれている。

さらに明治以降、西洋文明を速やかに吸収することができたのも、かな文字発明のおかげだった。

7世紀中頃

3種類の文字が使われる日本語

「薔薇」という字を読めたとしても、書きなさいと言われたら困ってしまう人は多いと思います。学校で習う漢字ではなく、書く（表示する）機会はめったにありません。「ばら」「バラ」のほうが、目にする機会は多いはず――このように日本では、漢字・ひらがな・カタカナという3種類の文字が使われています。

しかし、3種類もの文字を使っている国は世界中でも日本だけで、ほとんどの国は1種類のみ、多くても2種類の文字しか使っていないようです。

では、なぜ日本では3種類の文字が使われているのでしょうか。現在、中国から入ってきた漢語や抽象的な概念を表す言葉は漢字で書き、日本固有の大和言葉や助詞、助動詞などはひらがなで、外来語やゴロゴロといった擬音語や擬態語はカタカナで書く、というのが現代日本語の標準です。

ひらがなとカタカナは「仮名」という言葉が表しているように、もともとは「仮」、つまり本当の文字ではなく漢字に対して価値の劣る文字でした。

漢字から「万葉がな」が誕生

漢字が日本に伝わったのは、紀元300年ごろのことだといわれています。現在の朝鮮半島にあった百済の学者王仁《わに》が伝えたと、『古事記』や『日本書紀』には記されています。それまで、日本には文字がありませんでした。

もっとも、朝鮮半島や中国大陸とは以前から交易を行っていました。モノの取引には文字の存在が欠かせないこともあって、王仁以前から漢字が伝わっていたと考えたほうが自然かもしれません。

ただし、すぐれた文字を手に入れたとしても、もともと中国で生まれた漢字で日本のすべてのことを表現することはできませんでした。適した文字がないのであれば、漢字の音だけを借りて、文章を作ろうという流れができます。こうして、**7世紀中ごろに漢字1字に1音を当てた文字が成立したと考えられています。**

この文字は、日本最古の和歌集といわれる『万葉集』で使用されていたことから、「万葉がな」と呼ばれるようになりました。

◉万葉がな

基本的には意味は関係なく、音をもとに漢字があてられた。「真仮名」ともいう。

約200種類もあったひらがな

漢字を使った「万葉がな」だけでは日本の言葉を表現できず、やがて、ひらがなやカタカナを使用するようになっていきます。

「万葉がな」のうち、漢字の意味とは別に表音文字として用いていた「万葉がな」の形が崩れて草書体となり、草書体をさらに簡単にした文字が「ひらがな」です。**ひらがなは自然発生的な要素が強いこともあって、字体が安定するまでには長い年月がかかっています。総数は200種類くらいあったともいわれています。**たとえば、「以」を元にした現在使われている「い」のほかにも、「伊」や「異」などが使われていました。それらが現在の50音に固定され、48字に決められるのには、誕生から約1000年も後の明治24（1891）年に「小学校教科用図書審査等ニ関スル規則」が制定されるまで待たなければなりませんでした。

ひらがなは、日本人特有の感情や感覚を自由に表現することにすぐれています。9世紀後半に、在原業平や小野小町らによって、日本独自の短歌である和歌が盛んになると、ひらがなが広く使われるようになりました。

紀貫之がひらがなで書いた理由

延喜5（905）年、醍醐天皇の命により初めての勅撰和歌集『古今和歌集』が成立しました。この『古今和歌集』には、漢文で書かれた真名序《まなじょ》（漢字の序文）が巻末に置かれているのに対し、ひらがなで書かれた仮名序《かなじょ》（かなで書かれた序文）が巻頭に置かれています。これは、ひらがなを固有の文字として国が認めたことを表し、その使用が一般化したことを象徴した事例といっていいでしょう。

このころ、ひらがなで書く日記が流行しました。その日に起こったことを手軽に書き留めておくことができるようになり、より多くの人々が読み書きできるようになったからだと考えられています。

『古今和歌集』の仮名序を書いたといわれる紀貫之は、承平4（934）年、土佐守の任期を終えて京都に帰るまでの紀行文として、『土佐日記』を著したことで知られています。『土佐日記』は男性の日記ですが、女性の立場に立って書かれたということもあって、ひらがなで書かれています。

紀貫之が、あえてひらがなで『土佐日記』を書いたのは、漢字を読めない女性や子どものための記録だったからでしょうか。

『土佐日記』以外に知られている日記は、藤原道綱母の『蜻蛉《かげろう》日記』、菅原孝標女《すがわらのたかすえのむすめ》の『更級《さらしな》日記』、紫式部の『紫式部日記』など、すべて女性の手によります。

ひらがなの使用は、その後、新しい様式の文学を生み出すきっかけになったとされています。とくに紫式部が『源氏物語』を、清少納言が『枕草子』を書くなど、1000年も前に女性が文学の担い手として登場するのは、世界でも例がありません。

ひらがなを使ったすぐれた文学作品が生まれるようになると、ひらがなは社会全体に普及していきました。

お経を読むためにカタカナが誕生

中国から仏教が入ってきた際に、漢字の偏やつくりをもとに僧が生み出したのがカタカナです。奈良時代の僧は、中国からもたらされた経典を、何とか日本語として読もうと苦労を重ねました。

中国語と日本語では文法が異なることもあって、中国語で書かれた経典を日本語の語順に合わせて読むために、符号を振ったり、中国語にはない語尾の活用形や助詞を補ったりしました。

たとえば、「語」に「語りて」という語尾を補う場合には「語利天」と、漢字の脇に小さく書き込みました。しかし、漢字だらけの経典に、さらに漢字を書き込むときわめて読みにくくなります。そこで漢字の一部を省略し、省略した文字だけを書き込むようになったのです。

すなわち「利」は、右半分だけを残して「リ」とし、「天」は、第3画目までを残して「テ」と書くようにしたのです。漢字に比べて小さく書くことから、江戸時代まで「豆仮名」と呼ばれました。

カタカナが大まかに大成されたのは、平安時代末になってからのことと考えられています。天台宗の僧・明覚が、『悉曇要訣《しったんようけつ》』『梵字形音義《ぼんじけいおんぎ》』『反音作法』などを著し、今日に近い「五十音図」を示しています。

鎌倉時代初期の天台宗の僧・慈円が書いた日本初の歴史哲学書『愚管抄《ぐかんしょう》』は、漢字

◉愚管抄

四年アリテ、伴本作四十年トイフニ

神武。綏靖。安寧。懿德。孝昭。孝安。孝靈。孝元。開化。崇神。
垂仁。景行。日本武尊。仲哀。應神。隼總皇子。男大迹王。私斐王。
彥主人王。繼體。欽明。敏達。忍坂大兄皇子。舒明。天智。施基皇子。
光仁。桓武。嵯峨。仁明。光孝。宇多。醍醐。村上。圓融。一條。
後朱雀。後三條。白河。堀川。

皇帝年代記

第一
神武天皇。　七十六年。元年辛酉歲。即位。御年百廿七。五十二
ウノハフキアハセズノ尊ノ第四子。正月一日庚辰。令レ生給フ云々。御母ハ玉依姫《タマヨリ》。海神大女。
又云。神世第七帝第三子。或云。生母ハ海ニ入ニケリ。玉依姫ハ養母也云々。此時
ヨリヤガテ始テ祭主ヲオキテヨロヅノ神ヲマツリ給フ。コノ國ヲ秋津島トイフ。
大和國橿原《カシハラ》宮。　元年辛酉歲如來滅後二百九十年云々。又相ニ當周世第十六代主僖《キ》
王三年一云々。一說以ニ周惠王十七年辛酉一當レ之說爲レ吉。至ニ當時一無ニ相違一之故也。

第二
綏靖《スイセイ》。　卅三年。元年庚辰。踐祚。御年八十四。五十二
神武第三子。　神武四十二年正月甲寅日爲ニ東宮一。十九。母ハタヽラ五十鈴媛。コトシ
ロヌシノ神ノムスメ也。神武ウセタマイテ四年アリテ即位。大和國葛城《カツラキ》高岡宮。

明治時代に刊行された『国史大系』に収載されている。「皇帝年代記」を記した部分。

とカタカナを交えて書かれています。

慈円は、その理由として、「偏《へん》ニ仮名ニ書ツクル事、是モ道理ヲ思ヒテ書ル也」と巻二で書いています。歴史の道理がわかるようにカタカナを用いたというわけです。

カタカナもひらがな同様に数が多かったため、明治時代に統一されました。

ひらがなとカタカナの成立によって、日本語は世界の言語の中でもトップレベルの知的表現力を備えることになりました。

和歌はひらがな、軍記物はカタカナ

誕生の経緯が異なることもあって、明治時代以前の書物では、ひらがな交じりで書かれた本とカタカナ交じりで書かれた本とで、厳然とした区別がありました。

和歌や物語といった、もともと日本的な書物はひらがな交じりでしたが、漢籍や仏書、軍記物や歴史関係などといった外国に由来する書物は、カタカナ混じりで書く習慣がありました。

江戸時代初期にかけて活動し、徳川家や天皇に信頼された曲直瀬玄朔《まなせげんさく》という医師がいます。玄朔は、『済民記』や『延寿撮要』という医学書も残しました。日本の医学は中国から伝わったものが基礎になっており、医学書は原則漢字だけで書かれました。しかし玄朔は、『済民記』は、漢字とカタカナが交じった文章で書かれています。医学を志す者に向けてカタカナ交じりで書きました。

一方の『延寿撮要』は、漢字とひらがな交じりで書かれています。これは医学知識のない人向けに書かれたものとされます。江戸時代には、読者の対象によって使う文字を変える傾向がありました。

出版が盛んになると、カタカナ交じりで書かれていた軍記物などは、より多くの読者を獲得するためひらがな交じりで書かれるようになりました。こうして、ひらがなやカタカナが広く普及していきました。

カタカナで西洋文明を素早く吸収

明治時代になると、欧米から日本にはなじみのない文化が大量に入ってきました。それは具体的なモノだけではなく、考え方や制度なども含んでいました。はじめは「空想」や「情報」など漢字を組み合わせて新しい日本語を作っていたのですが、やがてカタカナで表記されるようになります。

第二次世界大戦の前は、公的な文書は漢字とカタカナを交ぜて書くのが慣例でした。戦後の国語改革で、漢字かな交じり文が公式な表記方法として定着しました。こうして、現代にいたる国語表記の基礎が形成されました。

カタカナは、もともとお寺など日常的な言語活動とは異なる、やや特殊な場面で使われる文字として認識されてきました。そのため、外来語をカタカナで表記することが自然な流れになっていったと考えられています。外来語をカタカナで表記する傾向は、明治時代から目立つようになり、第二次世界大戦後に定着しました。

その利点として、もとの発音に近い表記をするためには日本の3つの文字の中でカタカナがもっとも適していることや、漢字やひらがなが交じった文章の中で一部をカタカナで表記することによって、言葉のまとまりを際立たせる効果があることなどが挙げられます。

日本人が、明治以降に近代西洋文明を素早く吸収し、国力を猛スピードで上昇させることができたのは、ひらがなとカタカナのおかげだといえるかもしれません。

畳

高温多湿な気候に最適な日本独自の敷物。

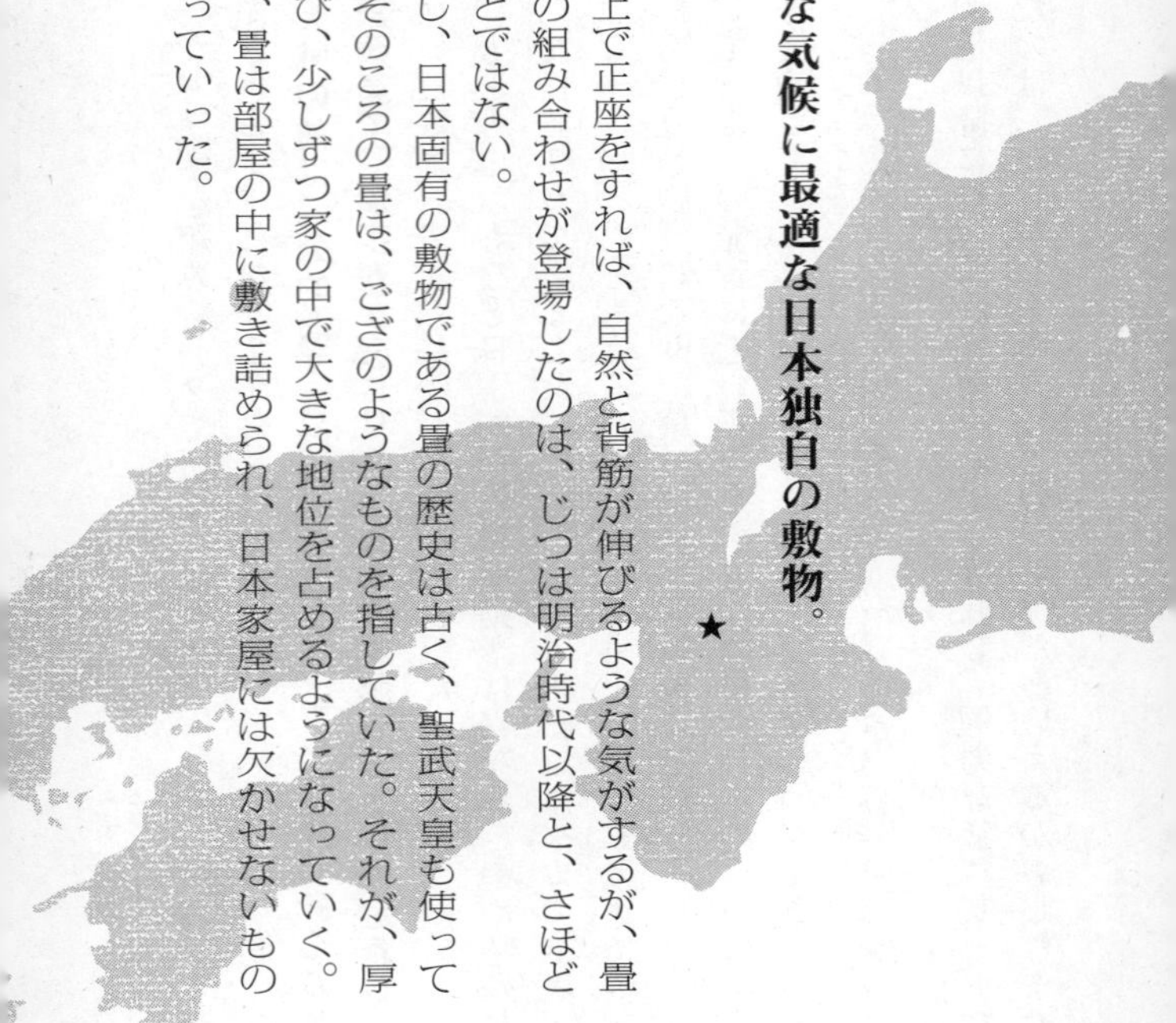

畳の上で正座をすれば、自然と背筋が伸びるような気がするが、畳と正座の組み合わせが登場したのは、じつは明治時代以降と、さほど古いことではない。

しかし、日本固有の敷物である畳の歴史は古く、聖武天皇も使っていた。そのころの畳は、ござのようなものを指していた。それが、厚みを帯び、少しずつ家の中で大きな地位を占めるようになっていく。やがて、畳は部屋の中に敷き詰められ、日本家屋には欠かせないものに変わっていった。

710年ごろ

正倉院に残る聖武天皇が使った畳

旅館の部屋に通されると、すぐに畳の上に寝っ転がり、手足をう～んと伸ばしたくなることでしょう。衣食住すべてが洋風になった現代ですが、私たち日本人は、畳を懐かしく、あるいは恋しく思う精神を受け継いでいるのかもしれません。

畳の語源は、折り返して重ねるという意味をもつ「たたむ」に由来します。この「たたむ」という動詞が「たたみ」という名詞に変化しました。

日本固有の敷物である畳の歴史は古く、和銅5（712）年に成立した『古事記』には、「菅畳八重」や「皮畳八重」などの記述が見られます。

奈良時代末期に成立したと思われる『万葉集』にも「木綿畳」や「薦畳《こもたたみ》」などの記述が見られます。ただし、この畳は現代の畳ではなく、ござのようなものだったと推測されています。

現存する最古の畳は、奈良の正倉院に収蔵されています。それは、聖武天皇が使ったとされる寝台と、その上に敷かれていた御床畳《ごしょうのたたみ》です。

イネ化の多年草であるマコモ製の3枚のむしろをふたつ折りにしたあと、重ねて六重にしたものを畳床とし、表面にはいぐさ製のむしろをつけ、裏面には麻布をつけるという構造です。これを2台横に並べてベッドのように使っていました。

この畳の形や構成が、現在の畳とよく似ていることがわかります。そんな畳を誰が作っていたのでしょうか。古代の文献に畳職人が登場する唯一の記述は、奈良時代の『続日本紀』に、備前国（現在の岡山県）の秦刀良《はたのとら》が、都で40年余り畳を上手に作ったと書かれているだけで、製法はわかっていません。

平安時代には権力の象徴に

現在の畳のような構造、つまりわらを縫い固めて作った畳床をいぐさで編んだ畳表で覆い、へりに畳縁と呼ばれる布をつけるようになったのは平安時代からです。ただし部屋全体に敷き詰めるのではなく、板敷に座布団や寝具として畳を置くといった程度でした。行事の際、庭に敷かれたことも『年中行事絵巻』からうかがえます。

この時代は**使う人の身分によって、畳の厚さや縁の柄や色が異なっていました。**敷き方も、畳を1枚だけ敷くほか、重ねる場合は2枚を正方形に並べ、その上に敷物を重ねる場合などがありました。畳は、権力の象徴でした。たとえが悪いかもしれませんが、時代劇などで牢名主が何枚もの畳を重ねた上に座っている場面を想像すれば、畳と権力との関係がわかりやすいかもしれません。

平安時代末期には、狭い部屋では畳を敷き詰めにする場合も見られるようになっていきます。

鎌倉時代になると、畳は座布団や寝具ではなく家の中の床材として使われるようになります。さらに、客間が変化して酒宴などを行い、来賓をもてなすための接客室に発展し、「座敷」と呼ばれるようになりました。そして、座敷の周囲にロの字に畳が敷き詰められるようになります。

室町時代には部屋全体に畳が敷き詰められ、床材として普及していきます。敷き詰めにすると、畳で身分を表すことが難しくなったこともあって、1段上がった床を設けるようになります。この床が一般化して、上段になったと考えられています。また、1段上がった床が原型となって畳床が生まれたとも推定されています。

このように、畳の構造は時代とともに変化しましたが、そのくわしい過程は明らかになっていません。

畳には断熱性や保温性、弾力性などのさまざまな特性があります。また、1畳で500ccもの水分を吸収することができるだけでなく、空気が乾燥すると畳は蓄えている水分を放出するため、人は快適な湿度で生活を送ることができます。

畳表に使われているいぐさには、バニラに含まれるバニリンや、樹木と同じフェトンをはじめとしたリラックス効果をもたらす成分が含まれています。さらに空気中の有害物質を吸着し、減少させるという効果もあります。

私たちの先祖は、畳のこういった特性を経験的に知っていたのでしょう。

需要の増加で「畳奉行」が新設

安土桃山時代から江戸時代にかけて、茶道の発展などによって、畳がさらに普及していき、徐々に町人の家にも敷かれるようになります。

茶道では、身分を越えた付き合いができるという楽しみがありました。しかし、茶室に身分の高い人を迎えるためには格式が重要だったこともあり、畳を敷き詰めた床が必要とされました。

寛永9(1632)年、幕府は畳奉行を新設しました。江戸城内では多くの部屋に畳が敷き詰められていたことから、専門の役職が必要になったのでしょう。

畳奉行は畳大工などを配下にもち、江戸城などの畳の新調・修繕・保管を担当しました。その後、諸藩でも畳奉行が設けられるなど、武士と畳は密接な関係にありました。

身分によって畳を制限する風習は続き、庶民が畳を使用できるようになったのは、江戸時代中期以降のことです。

なお、このあたりまでは野生のいぐさが使われてましたが、本格的な栽培がはじま

◉江戸時代の畳職人

当時の畳は何度も修理して使われていた。庶民が使うようになると需要が増え、職人も増えた。

ります。

江戸時代後期には、畳を作る「畳職人」や「畳屋」という職業が確立していき、庶民の家にも畳が広く使用されるようになっていきます。

江戸時代の畳の使われ方には、現代では見られない例もありました。それが武士の切腹です。武士が切腹する際、庭に2枚の畳を敷いて本人を座らせ、介錯人が首を落としたのです。赤穂浪士の仇討ちで知られる浅野内匠頭が切腹する際も、庭にむしろを敷いた上に畳を敷き、その上に毛氈《もうせん》（敷物）が置かれました。浅野内匠頭は、その上で切腹しています。

明治政府が選んだ座り方・正座

畳の上では正座するという作法は、明治時代になってから一般化しました。明治政府は国民に修身教育を施すにあたって、日本の文化と外国の文化との違いを強調したいがために、日本人の正しい座り方として正座を選びました。

正座の普及は、畳と大いに関係があります。明治維新を機に身分の差による畳の制限が解除されたこともあって、畳はようやく農民にまで広く普及しました。

逆にいえば、畳を持つことができなかった農民は、板張りの床で暮らしていたため、正座は一般的ではありませんでした。

現代では、家を建てる際に和室を設けないケースが増えています。その反面、床がフローリングでは、部屋が寒い、音が響くなどといったデメリットもあって、畳が見直されるようになってきました。

「日本を感じることができる」と、訪日客には和風旅館が人気のようですし、高級ホテルでも和室を設けるところが増えています。

畳のこぼれ話

家造りの違いから、地域によって異なるサイズ

京都と東京では、畳の大きさが異なることはよく知られています。理由は、関西では、畳の大きさをもとに家の大きさを決めたのに対して、関東では、先に家を建ててから家に合う畳を作ったからだといわれています。

京間の発祥は安土・桃山時代といわれており、江戸間の発祥は江戸時代です。

さらに、京都の文化の影響を受けた山陰地方では別の大きさの畳が生まれています。独自の文化が発達した中部でも、別の大きさの畳が生まれています。

畳のサイズは、京間がもっとも大きく、江戸間がもっとも小さくなっています。ただし縦と横の比率はいずれも2：1です。

和紙

自然素材を使い、1000年以上使える丈夫な紙。

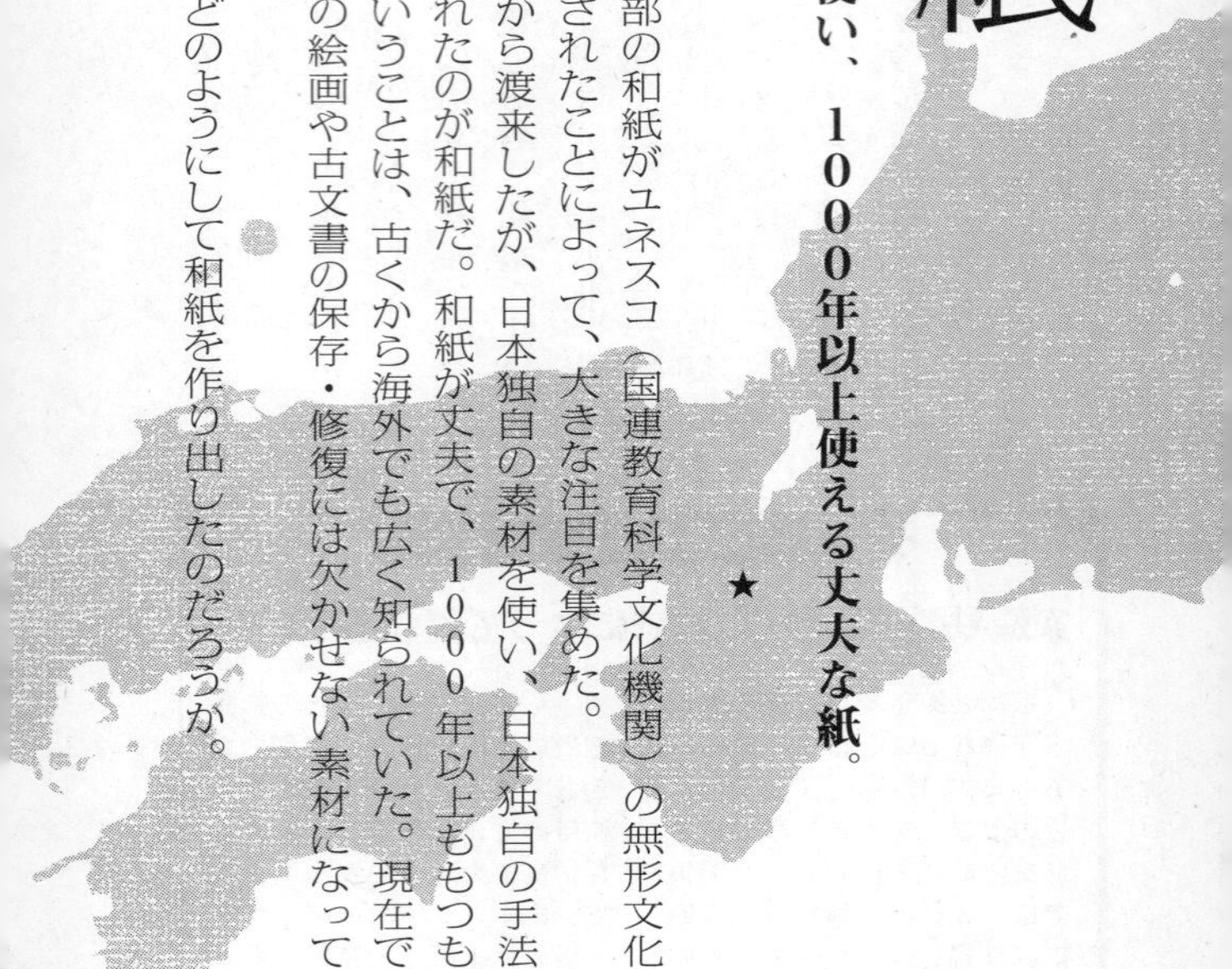

近年、一部の和紙がユネスコ（国連教育科学文化機関）の無形文化遺産に登録されたことによって、大きな注目を集めた。

紙は中国から渡来したが、日本独自の素材を使い、日本独自の手法で作り出されたのが和紙だ。和紙が丈夫で、1000年以上ももつものであるということは、古くから海外でも広く知られていた。現在では、世界中の絵画や古文書の保存・修復には欠かせない素材になっている。

日本人はどのようにして和紙を作り出したのだろうか。

奈良時代後期

ユネスコの無形文化遺産に登録

島根県浜田市の「石州半紙」（石見《いわみ》半紙）が、平成21（2009）年、ユネスコの無形文化遺産に登録されました。その後、平成26（2014）年には、石州半紙に岐阜県美濃市の「本美濃紙」と、埼玉県小川町・東秩父村の「細川紙」を加えた「和紙：日本の手漉《てすき》和紙技術」が、改めてユネスコの無形文化遺産に登録され、大きな話題になりました。

和紙は、世界一長持ちする紙といわれます。正倉院には、天平勝宝8（756）年に書かれた「国宝珍宝帳」という天皇の遺品の目録が、当時と変わらない状態で保存されています。世界一長持ちする紙ということでバチカンの世界遺産システィーナ礼拝堂内の壁画『最後の審判』の修復にも活用されています。100年ほどで劣化する洋紙に比べ、最高級の和紙なら、1000年以上ももつといわれているからです。

和紙は紙の主成分であるセルロースが破壊されない作り方であり、不純物の除去に薬品を使わないため、なかなか劣化しないのです。

中国由来の紙から製法が進化

紙は、紀元前2世紀ごろの中国で発明されたといわれています。当初はさまざまな方法で作られていたようですが、後漢時代の西暦105年ごろ、蔡倫《さいりん》という役人が行った製紙法の改良により、使いやすい紙がたくさん作られるようになったとされています。ちなみに蔡倫が紙作りに使った素材は、麻のボロ切れや樹皮などでした。

日本で初めて紙を作ったと記録されているのは、『日本書紀』の推古天皇18（610）年の部分。そこには、高句麗の僧・曇徴《どんちょう》が墨とともに日本に製紙法を伝えたと書かれています。

ただし、曇徴が日本で最初に紙を作ったとは書かれておらず、正規の製紙方法の導入という意味での記述なのかもしれません。

紙は外交文書などで古墳時代から伝えられていたこともあって、すでに日本のどこかで紙作りが行われていたとしても、不思議ではありません。

紙の需要が高まり国産化が奨励されるようになったのは、律令制が施行されてからです。徴税を目的として7世紀の中ごろから戸籍が作られ、紙に記録されました。また、人心の安定のために仏教が奨励されるようになると、文字によって仏教を伝える必要から、紙の需要が大幅に増えます。

奈良時代には写経に用いる膨大な量の紙が国の管轄下で漉かれ、62年間だけでも、総計約1102万5000枚の紙が漉かれたと記録されています。

紙の原料は、初めは麻でした。しかし、**奈良時代後期にコウゾやミツマタ、ガンピなどの植物を使って、丈夫な紙を大量に作る「流し漉き」が生まれました。**この世界の製紙史上画期的な技法によって和紙が誕生したのです。

◉流し漉き

漉き簀を動かしながら、厚みを調整していく。

流し漉きとは、植物性粘液を加えた紙料液を漉き簀《す》に入れ、漉き簀全体を揺り動かして、均質な紙層を作ります。その後、求める厚さになるまで粘液を数回くみ上げ、同じ動作をくり返します。こうすることで長い繊維を均一に絡ませることができ、少量の材料で合理的に、しかも薄くて丈夫な和紙を作ることができます。

紙を染める技術は、奈良時代には完成していました。もともとは防虫を目的として紙を染めたようで、黄蘗《おうばく》、藍、紅、紫草《むらさきそう》、蘇芳《すおう》、木芙蓉、蓮、楸《ひさぎ》、橡《たるき》などの植物を原料とした天然染料が使われ、媒染剤としては灰汁《あく》やみょうばんが使われました。濃淡各種の色調を記した染紙という名称は『正倉院文書』に約40種も見られ、染色方法も同一ではなく、さまざまな方法がありました。また、正倉院には「色麻紙」19巻をはじめ、多くの染紙が保存されています。染色の技術は平安時代にも引き継がれ、染紙に詩歌を書くことが流行すると華美な染紙へと発展していきます。

水に強く、破れにくい紙衣

丈夫な和紙を張り合わせ、もんで柔軟性をもたせたものを「紙衣《かみこ》」といいます。これは平安時代中期から服としても使われていました。室町時代になると、柿渋を塗って、耐久性と耐水性を加えた紙衣が防寒あるいは防水用として好まれ、戦国武将の上杉謙信も着ていたという記録が残っています。

天正18（1590）年、豊臣秀吉が小田原に出陣した際、馬の轡《くつわ》が切れたのを見て轡を差し出した者に秀吉が紙衣羽織を与えたという記録があります。紙衣は時の最高権力者にとっても身近なものでした。

江戸時代には、紙衣が流行着でした。歌舞伎の「廓文章」に登場する伊左衛門が、かつて遊女と交わした手紙を張り合わせて作った紙衣を着て、舞台に現れる場面があります。桐油《とうゆ》、あるいは荏胡麻《えごま》油などを塗った防水効果のある荏油《えのゆ》紙《し》が、包み紙や合羽、雨傘の材料として幅広く使われていました。

出版物の増加で紙の需要が拡大

室町時代に書院造が流行すると、建具としての襖障子のほかに、明障子用の紙の需要が増えました。また、雨傘用の紙やちり紙が広く使用されるようになります。

江戸時代には幕府が学問・教育を奨励したこともあって、文字の普及が進みました。さまざまな書物が出版され、紙の需要が増えます。

元禄年間には、**浮世草紙が隆盛をきわめたことで洒落本、人情本、滑稽本、黄表紙などが流行し、さらに紙の需要を拡大させました。**

当時の日本は世界的にみても識字率が高く、幕末に日本を訪れた西洋人は、庶民の多くが読み書きできることに驚きました。

庶民の生活様式も変わり、障子や襖紙はもちろん、鼻紙やちり紙までもが生活必需品になりました。江戸時代後期の思想家・学者の佐藤信淵は「紙は一日もなくては叶

◉おもな和紙の産地

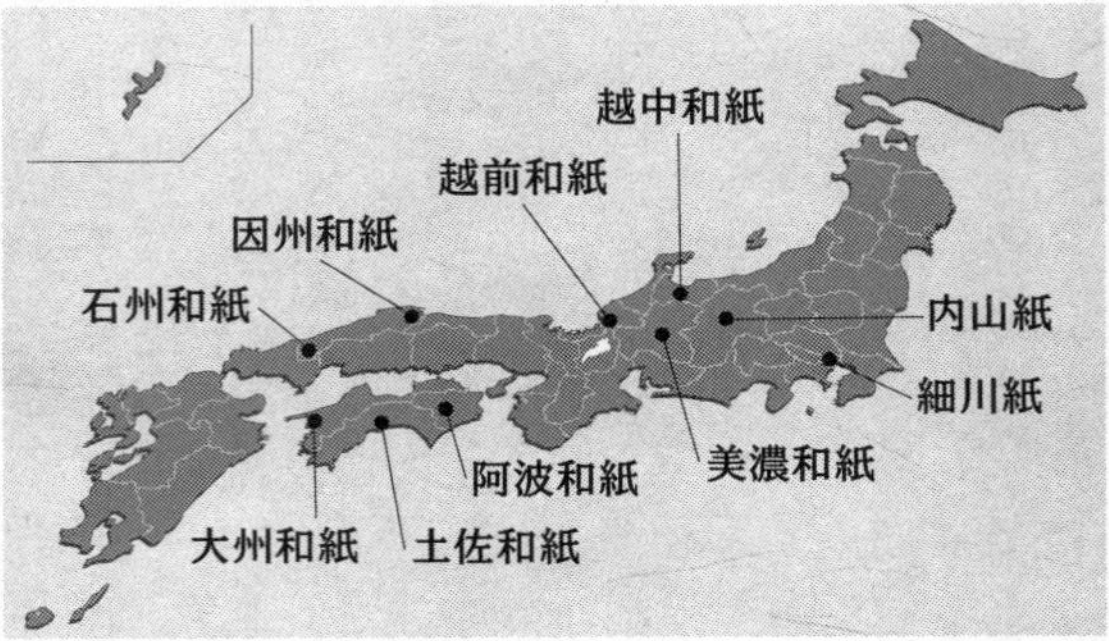

上記はとくに有名な産地のみ。現在はほぼすべての都道府県で和紙が作られている。

◉江戸時代の寺子屋

紙が真っ黒になるまで文字を書いていることがわかる。

わざる要物」と記しています。

なお、用途の広い半紙、障子紙、ちり紙などを専売制とする藩も現れました。商品の生産・加工・流通を厳しく統制して、苦しくなった藩の財政を支えようと考えました。

紙を専売制としたのは、東日本では、水戸藩、大垣藩、福井藩などわずか5藩にすぎませんでした。一方で西日本では二十数藩もあり、現在に続く有力な紙の産地が数多く形成されていきました。

とくに強制をともなう専売制を実施した藩では生産量が急速に拡大しました。その代表的な例は長州藩です。長州藩の半紙は、大坂市場で高い評価を得ていました。

とはいえ、当時紙はまだまだ貴重品。寺子屋に通う子どもたちは紙が真っ黒になるまで習字の稽古をし、それを洗って墨を落としては、稽古をくり返したそうです。墨が落ちにくくなっても、捨てたりはしません。紙はすべて回収され、汚れ具合によって選別され、再生されました。

漉き返された紙には、高級品から安いものまでさまざまな種類があり、安いものは「落とし紙（現在のトイレットペーパー）」などに使われました。落とし紙は墨がついた古紙を水に浸し、柔らかくなったところで叩いて砕いたものを漉くという、非常に簡単な作り方でした。文字が残ったままの紙片や人の髪の毛なども混じっていたそうです。

ところで、和紙は墨書きには向いていますが、インクを使ったペン書きには向いていません。ただし、ガンピを材料とする和紙は滑らかで使いやすく、外国人に人気がありました。慶長８（１６０３）年に長崎で出版された『日葡辞書《にっぽじしょ》』には、和紙の素材に関する言葉が記載されています。

文化財の酸化を防ぐ和紙

現在、和紙は世界中の美術館や博物館、図書館などで重宝されています。製造工程で木炭や石灰、あるいはソーダ灰（炭酸ナトリウム）が使われ、アルカリ性の成分が残るため、酸化による紙の劣化を抑えることができます。

絵画や文書、版画の修復には、表面に貼っても絵や文字が読めるような薄い和紙が使われます。一方、厚めの和紙は本の折り目を補強するために使われています。

このように世界の貴重な文化財を後世に伝えるため、大いに貢献しているのです。

和紙のこぼれ話

正倉院に保管されている最古の紙

日本でもっとも古い紙は約1300年前のもので、正倉院に収められています。大宝律令が定められてすぐのころ、戸籍を記録するために使われた紙とされています。

産地は美濃、筑前、豊前の3カ所で、古くから紙が漉かれていたことがわかります。このうち、世界遺産に登録されている美濃和紙（本美濃紙）はとくに質が高いとされ、平安時代には宣命紙（天皇の命令を伝える文書）にも使われるなど、高級なブランドとして古くから よく知られていました。

美濃和紙は、江戸時代に最高級の障子紙としても重用され、「みの」といえば、障子のことを指すとまでいわれたほどでした。

着物

体型の変化に対応可能で、灰まで再利用された衣類。

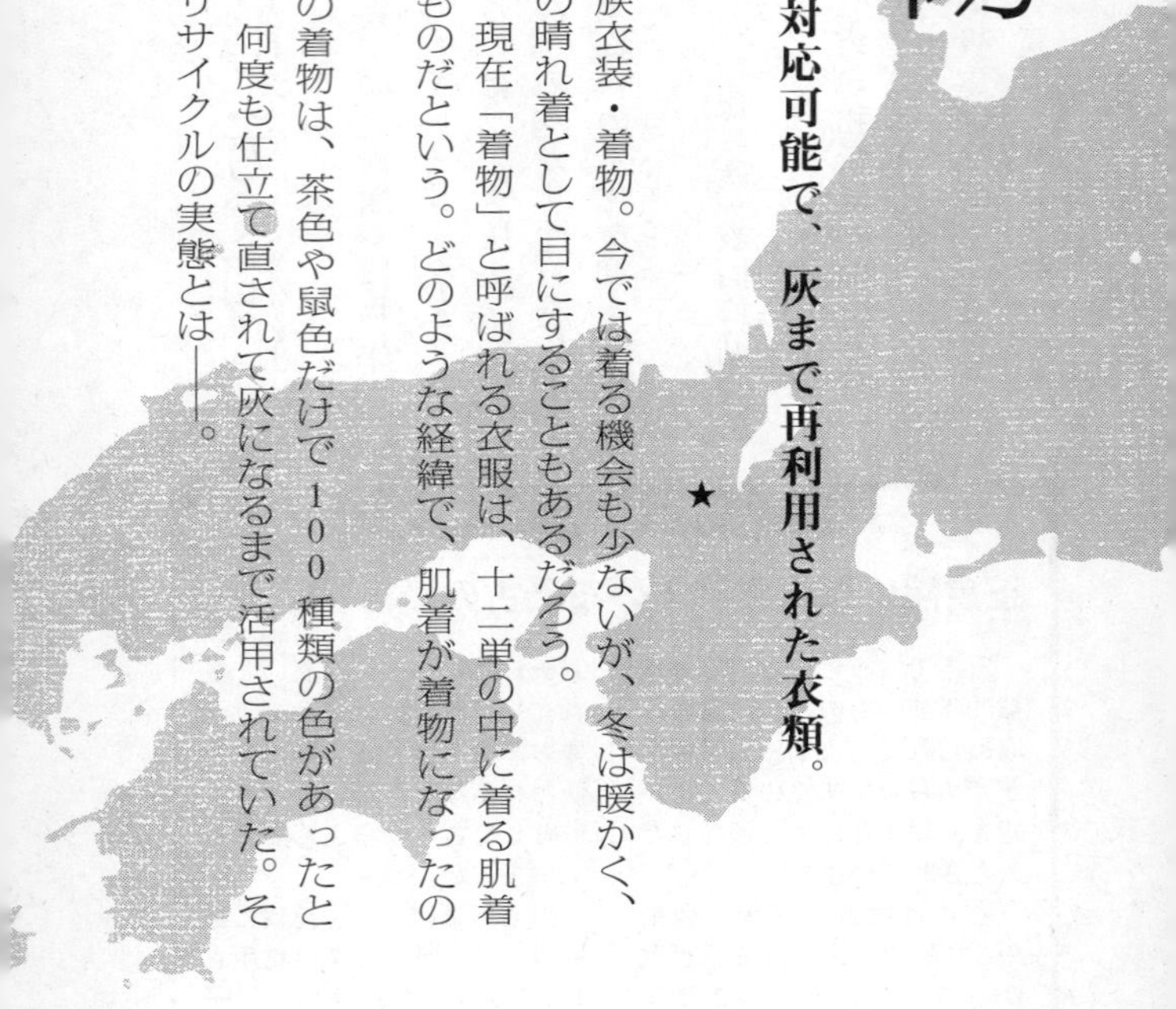

日本の民族衣装・着物。今では着る機会も少ないが、冬は暖かく、成人式などの晴れ着として目にすることもあるだろう。

そもそも、現在「着物」と呼ばれる衣服は、十二単の中に着る肌着が進化したものだという。どのような経緯で、肌着が着物になったのだろうか。

江戸時代の着物は、茶色や鼠色だけで１００種類の色があったという。また、何度も仕立て直されて灰になるまで活用されていた。そんな究極のリサイクルの実態とは——。

平安時代

衣服による格付け

『魏志倭人伝』には、次のように書かれています。

「男子は冠をかぶらず木綿の布で頭を巻き、衣は幅広い布をただ結び重ねるだけで、縫うことはない。婦人は髪を結ったりおさげにし、衣は単衣のようにし、真中に穴を開けて頭を通して着るだけである」

この記述から、弥生時代の衣服と考えられているのが、布の中央に穴をあけ、そこに頭を通して着る「貫頭衣」です。現在の服飾用語でいえば、ポンチョのような形です。弥生時代には機織りの技術が伝来しており、機織機を使って作られたと見られています。布の素材はおもに麻でした。

各地で出土している機織機の大きさから、このころの貫頭衣は1枚の布ではなく前と後ろの身頃を綴り合わせていたと考えられています。

古墳時代の服装は、埴輪が参考になるでしょう。さまざまな身分の人物埴輪が出土していますが、服装は男女ともに上下に分かれており、襟は左前になっています。

飛鳥・奈良時代になって中国との交流が盛んになると、衣類にも唐（中国）の影響が現れます。貴族階級は、男女ともに中国をまねた服装となり、7世紀はじめに律令制度が導入されてからは衣服によって格付けされるようになりました。

元正天皇のお触れで「右前」に

養老3（719）年、元正天皇が襟を右前にせよとの「右衽《うじん》の令」を発しました。ここから、着物は右前に着るようになり、現代まで続いています。

「右衽の令」が発せられた理由は、はっきりしていません。当時、さまざまな面でお手本としていた唐では衣類を右前に着ていたことから、日本もそれに合わせたのではないかともいわれています。なお、中国で衣服を左前で着ることが嫌われたのは「蛮族の風習であるため」とされています。

平安時代には遣唐使の廃止と唐の滅亡による影響から、日本独自の文化が発展しました。ただし肉体労働に従事しない身分の人間は、活動的ではない衣服を着ることがよしとされる考え方は受け継がれました。そのため、日本独自の衣装である女性の十《じゅう》二《に》単《ひとえ》や男性の束帯にも、ゆったりとした身幅や丈が採用されています。

さらに、肌着として使われていた小袖が中衣化し、庶民の間では上衣へと発展していきます。袖幅がやや狭く、袖丈が短い小袖は現在の着物によく似た衣服です。

鎌倉時代になると、武士が権力を握ったこともあって、動きやすいように衣服が簡略化されました。直垂《ひたたれ》や素襖《すおう》といった行動的な衣服を公式の場で着るようになり、戦場では目につくようにと、華やかな色のものを身につけるようになります。

武家の女性では小袖の上に打掛を羽織った姿が略式の礼装となるなど、小袖が主流になっていきました。

室町時代には、各地で戦乱が続いたこともあって物資も乏しく、上層階級では表着を省く傾向が強

◉十二単

成人女性の正装で、宮中の儀式などで着た。

くなりました。代わって小袖が表着として用いられるようになっていきました。織り柄や染め柄をつけた小袖が登場し、意匠が凝ったものも登場します。南蛮文化の影響を強く受けた小袖も登場しました。

江戸時代までには、男性も女性も、武士も町人も小袖を着るようになりました。

微妙な色の違いを楽しんだ江戸の人々

室町時代の小袖は、身の丈と長さが同じ「対丈《ついたけ》」でした。やがて身丈《みのたけ》が長くなって裾を引くようになり、江戸時代中期には現在の着物の形に近くなります。戦乱がない期間が長く続いたこともあって、洒落たものを身につけるようになり、小袖は布地によって区別されるようになっていきます。

麻で仕立てたものを帷子《かたびら》、木綿で仕立てたものを布子《ぬのこ》、絹織物で仕立てたものを小袖と呼ぶようになりました。**人々は夏は単衣《ひとえ》、春秋は袷《あわせ》、冬は綿入れなど、季節に合わせたものを身につけました。つまり、更衣の習慣ができたのです。**

身丈が長くなった小袖の着方も変わります。屋内では裾を引いて歩き、外出時には

◉小袖を着る女性

16〜17世紀ごろの小袖。柄が派手になり、裾も長くなっていることがわかる。

歩きやすいように身丈を引き上げ、しごき、または抱え帯を締めて歩きました。

幕末から明治にいたるころには、屋内外を問わず身丈を引き上げるようになり、裾を引きずることはなくなりました。

ところが着物の発展に対し、幕府は規制をはじめます。奢侈《しゃし》禁止令で、庶民の着物の素材は「麻」または「綿」、色は「茶色」「鼠色」「藍色（納戸色）」のみと限定されました。他人とは違うものを身につけたいと思うのは、今も昔も変わりません。茶色が48色、鼠＝灰色が100色も生まれ、双方合わせた着物の色は「四十八茶百鼠《しじゅうはっちゃひゃくねずみ》」と呼ばれました。実際には、茶系統・鼠系統とも100以上の色名があり、四十八や百といわれたのは、言葉のゴロ遊びです。

江戸の人々は、制限された中でも色の微妙な違いを大いに楽しんでいました。

灰になるまで使い、最後は売る

江戸時代には、着物のリサイクルもはじまりました。伝統的な着物は1反の布を同じ比率でむだなく直線裁ちして作るため、すべて同じ規格といっても間違いではあり

ません。そのため、分解すればリサイクルできました。この点、分解すると商品価値がなくなる洋服とは根本的に異なります。

着物をといて布の状態に戻して洗い、布のりを引くなどの作業を「洗い張り」といいます。水洗いすることによって汚れとのりを落とし、新たに布のりを引くことによって風合いを取り戻し、生地を蘇らせることができました。

また、色があせたり、年齢に合わなくなったりすると染め直すこともできます。こうして1枚の着物を親から子へ、子から孫へと受け継いでいくこともできました。

ただし、洗い張りが終わってもまだ布の状態のため、着物にするには仕立てを直す必要があります。着物は洗い張りをすると布についていた筋が消え、仕立て直すことも可能なのです。仕立て直す際に寸法を変えたり、古くなった裏地を変えたりすれば、見た目や雰囲気を変えることもできます。

たとえば大人用の着物が古くなれば、使える部分で子供用の着物に作り直し、それも古くなれば、使える部分でおしめに作り直すこともできました。おしめとしても使えなくなったら雑巾として利用し、最後はたき付けにします。

じつは、燃えつきて灰になってもまだ利用価値はありました。灰は洗剤や肥料とし

◉切屋で売られた端切れ

さまざまな素材や柄の端切れを買い取り、継ぎあてなどに使う布として販売していた。

て利用されており、買っていく業者がいました。

着物を作り直す際に出た端切れは、「切屋」「古裂れ屋」「端切れ屋」と呼ばれる業者が買い取りました。端切れはおもに継ぎあて用に使われました。こういった商売が成り立ったことからみても、江戸時代に布がとても貴重だったことがわかります。

「洋服」の後に「和服」が生まれた!?

明治時代になると、西洋の衣服が大量に入ってきました。これは「洋服」と呼ばれ、**「洋服」に対する日本の衣服という意味で、着物などが「和服」と総称されるようになりました。**


一般には和服=着物の同義語として用いられています。和服とは、広義では日本で古くから用いられてきた様式の衣服すべてを指します。狭義では長着・羽織・帯・長襦袢《じゅばん》・肌襦袢・裾除け、男性の場合はさらに、袴・褌《ふんどし》までを含みます。

洋服が日常生活で当たり前に着られるようになったことで、着物が和服を意味する言葉となりました。

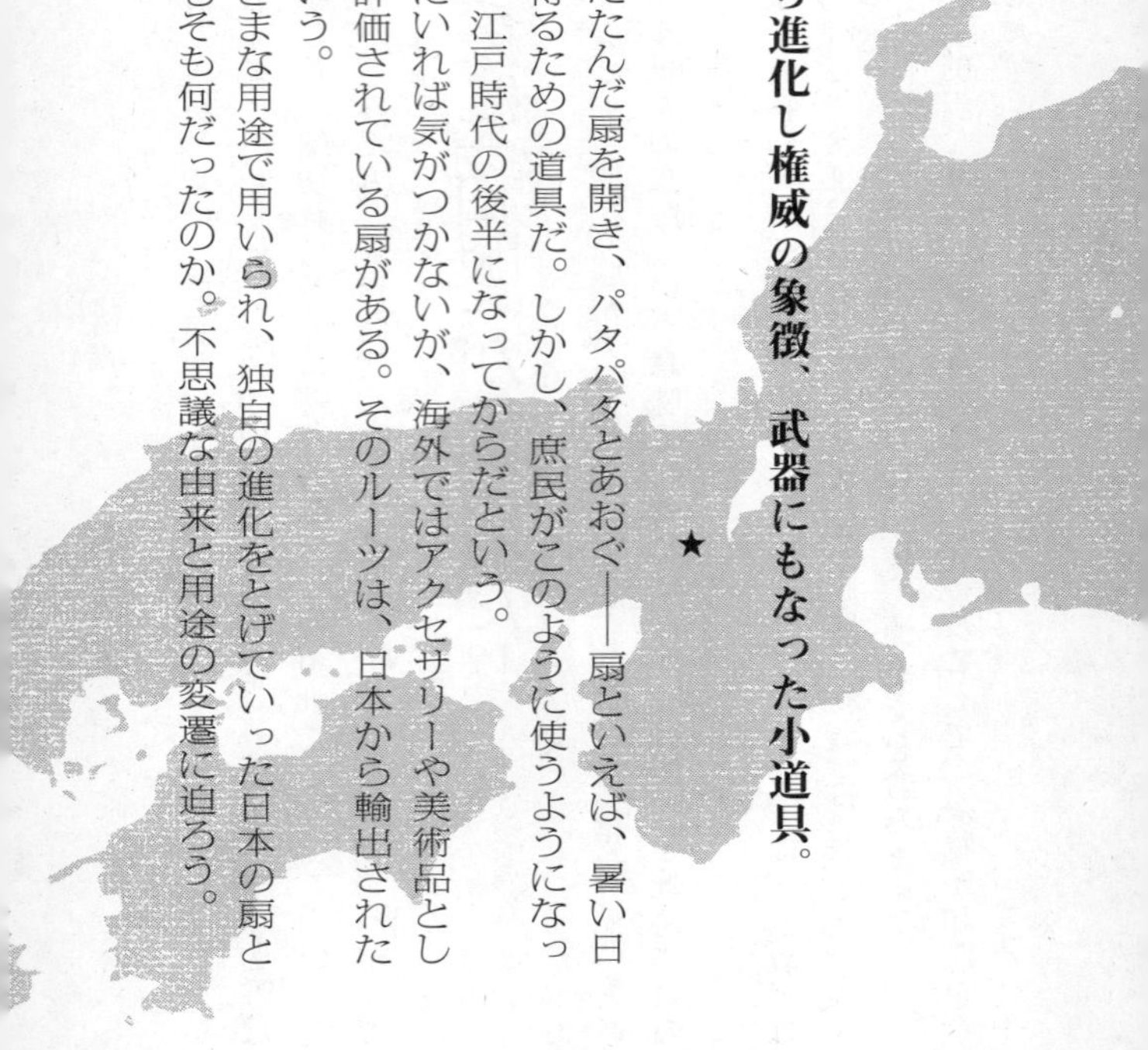

扇

メモ帳から進化し権威の象徴、武器にもなった小道具。

折りたたんだ扇を開き、パタパタとあおぐ——扇といえば、暑い日に涼を得るための道具だ。しかし、庶民がこのように使うようになったのは、江戸時代の後半になってからだという。

日本にいれば気がつかないが、海外ではアクセサリーや美術品として高く評価されている扇がある。そのルーツは、日本から輸出された扇だという。

さまざまな用途で用いられ、独自の進化をとげていった日本の扇とは、そもそも何だったのか。不思議な由来と用途の変遷に迫ろう。

平安時代初期

平安時代の木のメモ帳が原型

古墳時代の5世紀中ごろから6世紀、日本に文字が伝わりました。同時に筆、墨、硯、竹簡、木簡、紙といった道具も伝わり、またたく間に普及します。しかし貴重だったこともあって、紙はあまり利用されませんでした。

当時はヤマト王権が勢力を徐々に拡大していました。国作りのためには、権威づけも必要となります。煩雑に思えるようでも、決まった形式で各種の公式行事を行っていく必要があります。誰もが簡単に覚えられるような形式では、権威づけにはならないのです。

覚えなければならないことが増えるとメモ帳の需要が生まれるのですが、再利用する技術がなかった紙はメモ帳には不向きでした。そこで、木簡がメモ帳として使われていました。

木簡は紐で綴じられ、不要になれば削って再利用されました。こうして政治に関わる者たちの間で、木簡を持つことが習慣になりました。

最初に現れた扇は、木の薄板の片方を糸で綴じ、開閉できるようにしたもので「檜《ひのき》扇」と呼ばれました。その後、洗練された形に変わっていき、女性の間でも使われるようになると、装飾がほどこされました。

檜扇についで「蝙蝠《こうもり》扇」と呼ばれる紙扇が登場します。これは、竹や木を骨として使い、片面にだけ紙を貼ったものです。名前の由来は「かみはり」の音が変わったとも、扇を開いて逆にした形が蝙蝠に似ているからともいわれています。

平安時代末期になると、扇の骨に透彫をほどこした「透《すき》扇」が登場するなど、多様化していきます。このころ、本来の用途である「あおぐ」道具として認識されるようになりました。

ただし、**扇はあくまでも貴族や僧侶、神職たちの使う道具であって、庶民が使うことは許されませんでした**。日本で最初に扇が登場する文献『続日本紀』の天平宝字6（762）年の項には「とくに功績のあった老人に杖とともに宮中で扇を持つことを許した」と記されています。

なお、現存する最古の扇は、元慶元（877）年と記された京都・東寺の千手観音像の腕の中から発見されています。

中国からの逆輸入品「扇子」

扇といえば、那須与一を欠かすことはできません。源平の争乱期に弓矢の名手として知られた与一は、文治元（１１８５）年の屋島合戦の際、海上に浮かぶ平家の船に立てられた扇の的を、馬上から一矢で射とめて敵味方から喝采を浴びました。この逸話は『平家物語』の名場面として、幸若舞曲や浄瑠璃などにも脚色されています。

ただし、鎌倉幕府が編纂した歴史書の『吾妻鏡《あづまかがみ》』だけではなく、確実な史料には那須与一の名前が記載されていないことから、伝説上の人物と推測されています。

鎌倉時代になると、禅僧などの手によって扇が中国へ渡りました。すると、扇に大きな変化が起こります。それまで片面にだけ貼られていた紙が、中国では両面に貼られるようになったのです。

室町時代になり、ようやく庶民も扇の使用が許されました。また、能や茶道などに、欠かせない小道具となっていきます。

両面貼りの扇が「唐扇」として中国から輸入されると、日本の扇にもその様式が取り入れられました。唐扇は漢字で「扇子」と書き、「せんす」と読みます。ただし、「子」は名前の下に添える助辞であり、とくに意味はありません。

室町時代までには、現代の扇の基本である3つの形式が確立したといわれています。すなわち、閉じた扇の先端がイチョウのように広がる「中啓」、先端が閉じた形の「鎮折《しずめおり》」、従来の形を留めた「雪洞《ぼんぼり》」です。

扇、あるいは扇形の画面に描いた絵は「扇面画」や「扇絵」と呼ばれました。扇面画は、特殊な形の画面に構図を配したことが特徴です。

扇面画は、平安末期から室町時代にかけて、日本の特産品として中国へ輸出されていました。戦国時代から江戸時代にかけては、屏風にいくつもの扇面画を貼り合わせたものが流行しました。絵師の中でも俵屋宗達《たわらやそうたつ》は、湾曲した扇形を活かした扇面画を数多く残しています。

縁起物、遊び道具、武器

江戸時代になると、扇は庶民にまで普及しました。扇売りや地紙売りといった行商人も現れます。**「末広」と呼ばれた扇は、繁栄を意味する縁起物として扱われ、家紋などにも取り入れられました。**

江戸時代の武士に対する刑罰として、扇腹《おうぎばら》というものがありました。刑場で目の前に置かれた扇を取ると同時に、介錯人が首を落としました。扇腹は、切腹に関する複雑な作法を略すためのものとか、刀を目にして取り乱すことを未然に防ぐために考えられたものといわれています。

また、中期には「投扇興」という遊びが考案されました。的を目がけて扇を投げ、点数を競うという、現代のダーツに似た遊びです。

一時は賭け事として大流行し、禁止令が出たこともあり

◉投扇興

蝶と呼ばれる的を木の台（枕という）に置き、それを目がけて扇を投げる。蝶と枕と扇の位置関係により得点が決まる。

ました。現在も、複数の流派が存在しています。

扇であおいで涼を得るという使い方が庶民に広まったのは、江戸時代後期です。「涼」を得る道具としてはうちわもありますが、折りたためるという扇は狭い家に住む町人に重宝され、外出用のおしゃれな小物としても扱われるようになりました。

また、江戸時代には護身用の武器として鉄扇が使われていました。鉄扇とは、親骨を鉄で作った扇のことです。成立ははっきりしていませんが、刀を常に身につけていた武士といっても、刀の携帯を禁じられた場面や場所があったのです。そこで刀の代わりに鉄扇を持参する武士もいたようです。

鉄扇は大きく分けて2種類あります。扇としても使うことができる開閉可能なものと、閉じた扇子の形をした鉄の塊です。また、鉄扇の形をまねた堅い木の扇もありました。いずれも相手の攻撃を防ぎ、反撃に転じるために使われます。

◉鉄扇

©Samuraiantiqueworld 2010

明治になり、廃刀令によって刀を携帯することが禁じられれました。**士族は腰に何もない状態では不安であると、護身用の鉄扇を腰に差したといわれています。**

最後に、日本の影響を受けた海外の扇を紹介します。鎌倉時代に中国へ渡った扇は、シルクロードを経てヨーロッパまで伝わりました。

戦国時代には、ポルトガルやスペイン経由でヨーロッパに伝わりました。アクセサリーとして婦人たちに愛用され、価値を高めていきました。そして明治維新とともに日本に逆輸入され、これらを基礎に輸出用の扇が生産されるようになったのです。

扇のこぼれ話

伊達政宗を扇で翻弄した直江兼続

戦国時代の逸話です。伊達政宗が諸大名に「めずらしいものがある」と天正大判を見せました。

何人かの大名は、手に取ってしげしげと眺めましたが、上杉景勝の重臣だった直江兼続は扇を広げて大判を受け取り、ぽんぽんと打ち返しながら裏表を眺めました。

政宗は兼続が遠慮しているのだろうと思い「手でさわっても良い」と言いました。

すると兼続は、「自分の手は、先陣の指揮を任されている。誰の手に渡ったのかがわからないものを触れば手が汚れる」と言い放ちました。

兼続はひととおり眺めたのち、扇の上にのせていた大判をそのまま政宗に投げ返したそうです。

日本刀

美しい武器であり美術品、さらには神器。

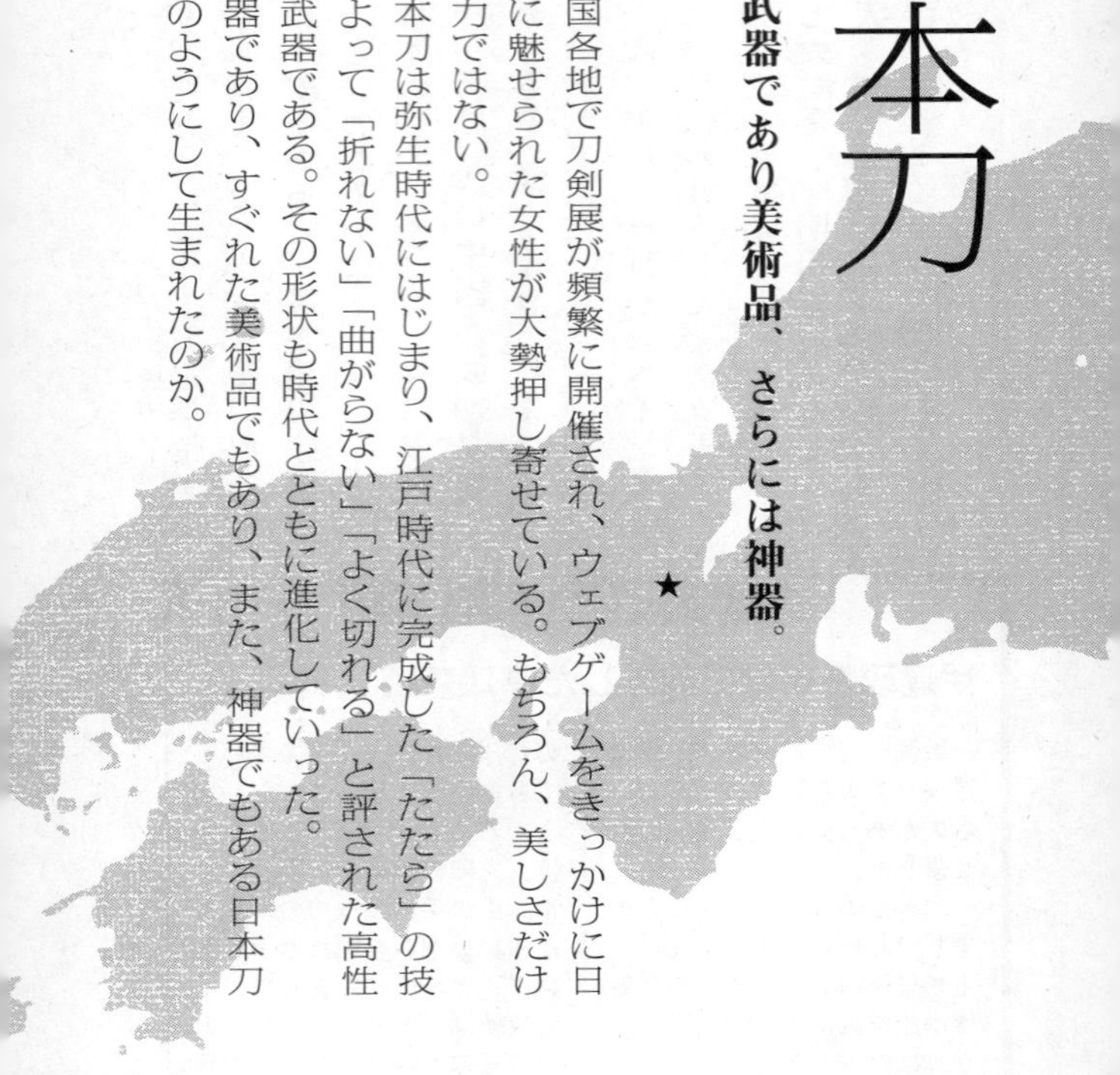

全国各地で刀剣展が頻繁に開催され、ウェブゲームをきっかけに日本刀に魅せられた女性が大勢押し寄せている。もちろん、美しさだけが魅力ではない。

日本刀は弥生時代にはじまり、江戸時代に完成した「たたら」の技術によって「折れない」「曲がらない」「よく切れる」と評された高性能の武器である。その形状も時代とともに進化していった。

武器であり、すぐれた美術品でもあり、また、神器でもある日本刀はどのようにして生まれたのか。

平安時代後期

古くから認められていた美術品としての価値

一口に日本刀といっても太刀、刀、脇差、短刀などの種類があります。広義では薙刀、槍など、刀鍛冶によって製作されたものすべてを含みます。

通常、日本刀は柄が長く、両手で使用します。片刃で反りがあり、長寸のものは鎬《しのぎ》造《づくり》になります。軟鉄を心鉄に、鋼《はがね》を皮鉄にして包むという独特の鍛造法が用いられます。さらに、刃の部分だけに焼入れをすることによって刃文が現れ、地肌の文様とともに美術的価値も高く評価されています。

「日本刀」という名称は、北宋の詩人・欧陽脩《おうようしゅう》が書いた「日本刀歌」に見ることができます。この詩には、越（華南）の商人が当時、すでに宝刀と呼ばれていた日本刀を日本まで買いつけに行くことや、日本刀が美術品としてもすぐれていることなどが記されています。

つまり、**本来武器であるはずの日本刀は、平安時代後期から鎌倉時代初期にはすでに海外の好事家にも認められており、輸出品になっていた**こともわかります。

鎌倉時代に二度にわたって元軍が九州に来襲した際、鎌倉武士が振るう日本刀の威力をまざまざと見せつけられた人々は、元寇のあと日本刀を大量に買い占めたという記録も残っています。

また第一次世界大戦の際、日本刀が優秀であることを知ったドイツ軍が日本刀の成分を分析し、分析結果を基に開発した鋼を大砲などに使っています。

「玉鋼」と「たたら」

諸説ありますが、日本で製鉄がはじまったのは、弥生時代と考えられています。原料として使われたのは砂鉄でした。たたらとは、簡単にいえば粘土で作られた炉に木炭と砂鉄を入れて熱し、製錬する技術です。

たたらで精錬された鉄を「和鋼《わこう》」といいます。和鋼は鉄と炭素以外の元素を含んでいないため、鍛接《たんせつ》（鉄を熱して接合すること）しやすい素材です。そして、和鋼のうち刃物に適したものが「玉鋼《たまはがね》」です。この玉鋼を叩いたり延ばしたりして鍛え、日本刀が完成します。玉鋼には磨きやすく、さびにくいという特性もありました。

たたらの工程は20近くもあり、当然すべてが人の手によるものでした。**玉鋼を卸鉄《おろしがね》（古い釘や刀、包丁鉄など）と積み重ねて何度も何度も鍛えることで、粘り強いものになっていきます。**日本刀が世界の刀剣に比較して、「折れない」「曲がらない」「よく切れる」のは、素材と手間をかけて鍛える工程に秘密があります。

たたらによる日本刀の製造技術は、日常的に鉄が使われるようになった江戸時代の中期に完成します。高性能で大きな製鉄炉が作られ、完成の域に達しました。

ただし、幕末になると海外から溶鉱炉の技術が伝わり、洋式の製鉄が広まるにつれて廃れてしまいました。

◉たたらの「ふいご」

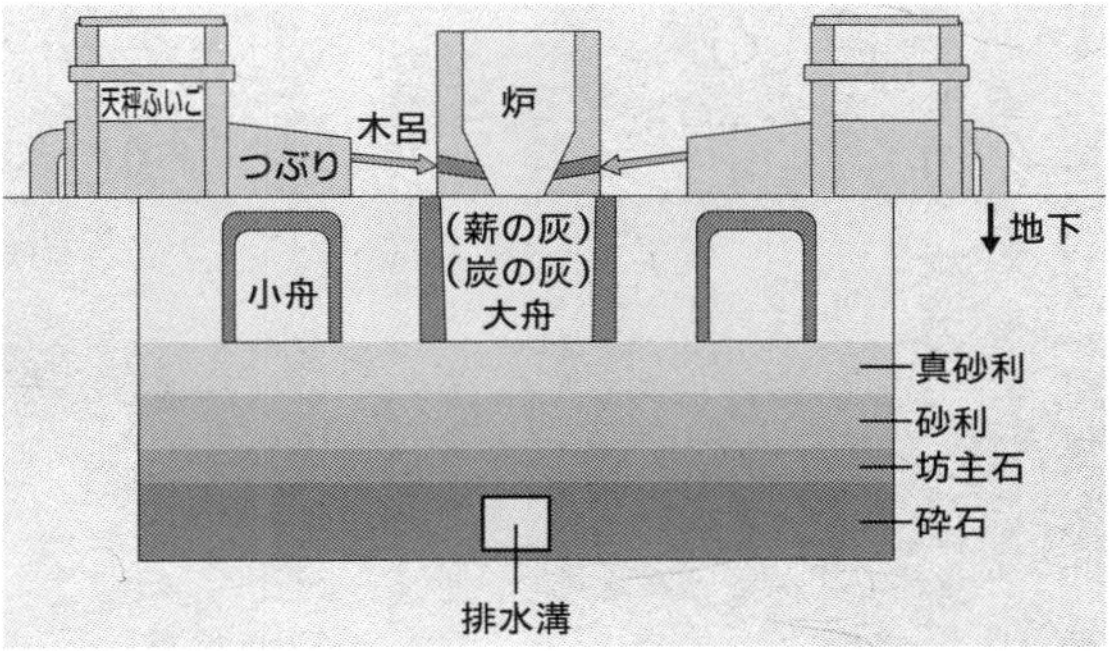

中央にある炉に木炭と砂鉄を入れ、左右にある天秤ふいごに人が乗って風を送り、温度を上げた。

戦闘様式の変遷とともに形状が変化

では、次に日本刀の形状の変化を見ていきましょう。

日本刀の初期の形は、直刀様式の片手柄《かたてえ》（片手で握る刀）でした。平将門と藤原純友の乱（承平・天慶の乱）以降には反りのある湾刀《わんとう》に移行したとされています。湾刀の出現は、馬上から敵を断ち斬る戦闘上の必然性からと見られています。

平安時代中期以降の日本刀は、合戦のたびに改良や工夫がなされていきました。平安時代後期には、各地で数多くの刀工が輩出していきます。「三条小鍛冶《こかじ》」と呼ばれる三条宗近、古備前友成・正恒、伯耆安綱、三池光世などが知られています。

鎌倉時代の最初の50年は、平安時代の作風を継承した古風で優雅な刀が主流でしたが、大ぶりで豪壮な刀も現れます。中期になると太刀（長大な刀剣）は身幅が広くなっていきました。政治の中心地である鎌倉では、新藤五国光とその弟子とされる正宗によって相州伝の作風が完成し、全国に広まりました。そのほか、鎌倉時代に活躍した刀工の系譜は以下が代表です。京都では三条派のあとに粟田口派が現れ、後期になると粟田口派に代わって来派が栄えました。

備前鍛冶では、一文字派が多数の名工を輩出しましたが、中期をすぎたころから長船派も台頭しました。大和鍛冶としては、千手院・当麻・手掻・保昌・尻懸の五派が知られています。

南北朝時代は豪壮頑健さが最大限に誇張されました。後期には、打刀《うちがたな》が太刀と同様の寸法にまで大きくなって流行しはじめますが、戦乱の多かったこともあり粗悪な刀剣も多数作られました。

明徳3(1392)年の南北朝の合一後、南北朝時代の大太刀が廃れ、鎌倉時代の様式に近い太刀が現れます。一方、打刀が次第に普及し、太刀に代わって刀剣の主流を

◉五箇伝

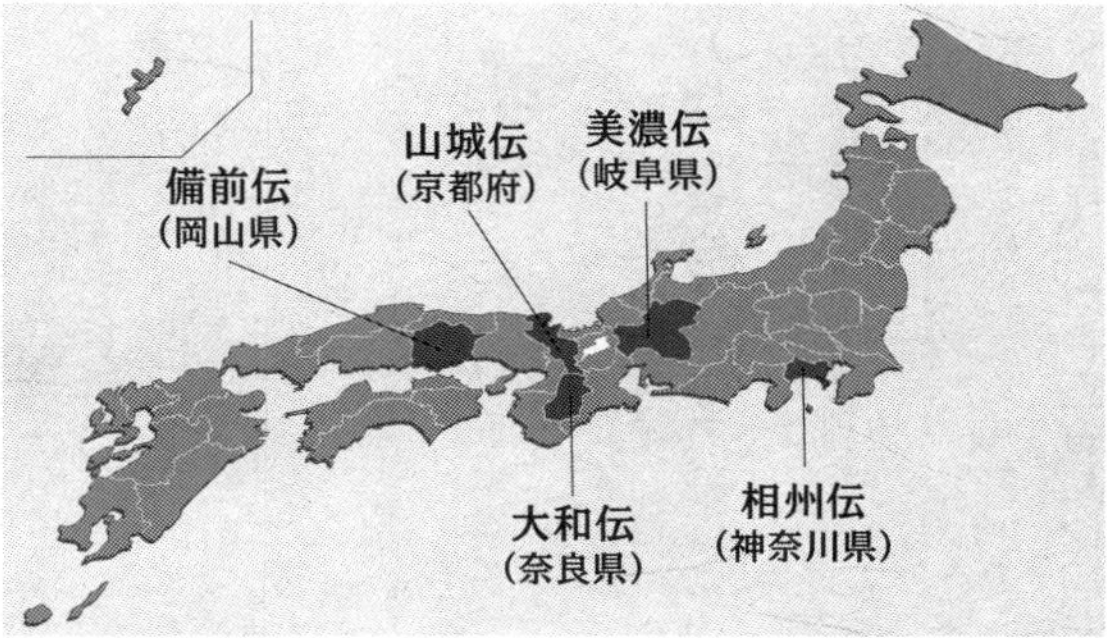

多くの刀工が集まった5つの代表的な産地。それぞれの作風を受け継いだ流派が多数存在する。

占めるようになっていきました。戦闘の方法が馬上での戦いから徒歩での集団戦になったことによって、刃を上にして腰帯に差す打刀が多くなりました。

なお、日本刀の製造技術が伝わった産地として、「五箇伝」が知られています。先に紹介した「相州伝」（鎌倉）、「山城伝」（京都）、「大和伝」（奈良）、「備前伝」（岡山）のほか、室町時代に興隆したとされる「美濃伝」（岐阜）があります。

慶長を境とする「古刀」と「新刀」

刀剣界では一般に、慶長（１５９６～１６１４年）を境として、これ以前のものを古刀と呼び、以後のものを新刀《しんとう》と呼んでいます。これは、**豊臣秀吉の刀狩によって、それまで量産されていた粗悪な刀が駆逐され、作風が一変したため**です。

また、このころは鎌倉時代や南北朝時代の長い太刀を短くして打刀に直したものがあり、新たに製作された刀もこれらの姿に似たものになっていきます。

先に紹介したように「たたら」の技術が完成した元禄（１６８８～１７０４年）ごろまでは盛んに新刀が作られました。江戸では、武張った作風が特色の長曽禰《ながそね》虎徹《こてつ》や

◉刀鍛冶

刀工のうち、刀を打つ者は刀鍛冶《かたなかじ》と呼ばれた。複数人で打つこともあった。

大和守安定、上総介兼重らが活躍しました。大坂では華麗な刀が作られています。そのほかに地方の城下町でも、名工と呼ばれる刀鍛冶が現れました。

このころの刀の寸法は2尺3寸（約70センチ）前後で、反りが尋常あるいはやや浅く、元幅《もとはば》に対して先幅《さきはば》が細いものになっています。しかし、元禄をすぎると作られる刀の数は極端に減っていきました。

幕末期の刀剣を「新々刀《しんしんとう》」と呼びますが、正確には、水心子正秀《すいしんしまさひで》が活躍した安永年間（1772～81年）以降の刀剣のことです。

正秀は、新刀に疑問をもつようになり、日本刀はすべて鎌倉の昔に帰るべきだという復古説を唱えて実践しました。この考え方は時代背景とも一致し、正秀への傾倒者は全国に増えていきました。

技術の保存のため残った日本刀

明治維新を境に、刀をめぐる環境は大きく変化します。明治4（1871）年に佩《はい》刀《とう》（刀を腰に帯びること）が許可制になり、明治9（1876）年に廃刀令が公布されました。

佐賀の乱や神風連の乱など、次々に起こった士族の反乱に明治政府が手を焼いたために出されたといわれています。

その結果、多くの刀匠が職を失いました。そして、農具などを手がける鍛冶屋に転身していかざるをえませんでした。明治39（1906）年に、月山貞一と宮本包則が帝室技芸員に選ばれたことによって、刀作りの技術の保護が図られました。

大正・昭和には軍刀ブームがありましたが、第二次世界大戦が終わると製作は禁止されました。現在は、鍛錬技術保存のための製作が条件つきで認められています。

日本刀のこぼれ話

スピルバーグが惚れ込んだ刀匠

アメリカの映画監督スティーブン・スピルバーグが日本刀好きということは、あまり知られていません。

そのスピルバーグが作刀を依頼するのが、刀匠の吉原義人です。

吉原は、22歳で最年少の文化庁認定の刀匠となりました。日本美術刀剣保存協会の「新作名刀展」コンクールでは、初出品にもかかわらず、努力賞と新人賞を同時受賞します。

その後吉原は、10年連続で特賞を受賞しました。日本の刀匠ではただ一人、アメリカのメトロポリタン美術館やボストン美術館に作品が収蔵されているという、まさに現代最高峰の刀匠です。

醤油

味噌から偶然生まれ、世界中で愛されている調味料。

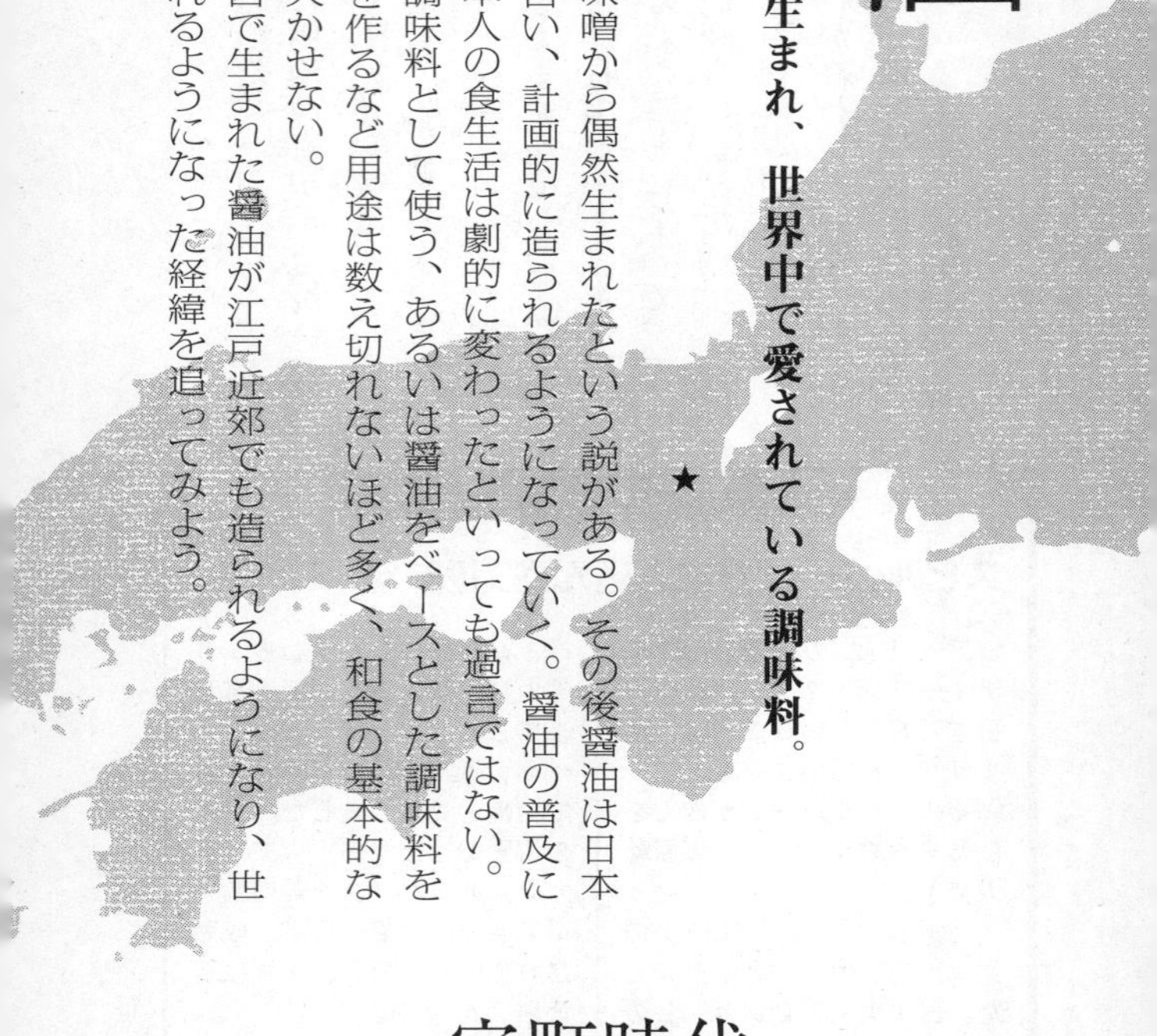

醤油は、味噌から偶然生まれたという説がある。その後醤油は日本人の嗜好に合い、計画的に造られるようになっていく。醤油の普及によって、日本人の食生活は劇的に変わったといっても過言ではない。そのまま調味料として使う、あるいは醤油をベースとした調味料を使って料理を作るなど用途は数え切れないほど多く、和食の基本的な味つけには欠かせない。

もとは関西で生まれた醤油が江戸近郊でも造られるようになり、世界中で愛されるようになった経緯を追ってみよう。

室町時代

世界100カ国以上で愛される理由

和食に欠かすことができない醤油は、近年、アメリカのほとんどのスーパーマーケットに置かれるようになっています。ヨーロッパでも主要なスーパーマーケットで売られており、認知されています。

昭和48（1973）年、日本の企業がアメリカで醤油の醸造をはじめたのが、醤油の海外生産の嚆矢《こうし》です。その後、日本食が世界的なブームになったことで輸出量や海外での生産量が増え、今では、世界100カ国以上で醤油が使われています。

醤油は「旨味」「甘味」「酸味」「塩味」「苦味」の5つの味のバランスで風味を構成しています。それらは、大豆と小麦に含まれる成分が、醸造の過程でさまざまな味や香りの成分に変化し、さらに相互に作用して誕生したものです。

醤油の香り成分は、現在確認されているだけでも約300種類に上ります。代表的な成分はＨＥＭＦというフラノン化合物で、本醸造醤油のカラメルのような甘い香りの主成分です。

ほかに果物や花の香りの主成分であるエステルやカルボニル化合物群などが含まれています。さらにコーヒーやハム・ソーセージなどの香り成分である、フェノール化合物類なども含まれています。

つまり、果物・花・コーヒーなどの成分がバランスよく配合されているのが、醤油なのです。この香りが魚介類や肉類の生臭さを消すという働きをし、加熱すれば香ばしさを増します。

ただし、約３００種類の香りといっても、特定の香りが目立ちすぎることはなく、全体に調和して独特の香りを醸し出しています。

◉醤油の香り成分

成分名	種類数	成分名	種類数
エステル	45	フェノール	17
炭化水素	38	アルデヒド	17
アルコール	30	フラン	16
ピラジン	30	ラクトン	10
酸	26	フラノン	5
ケトン	24	その他	50

日本醤油協会『しょうゆの不思議』より

308種類が確認されている。そのうちリンゴやパイナップルの香り成分を含むエステル系だけでも45種類ある

味噌造りから生まれたたまり醤油

醤油の起源をたどると縄文時代に行きつきます。縄文晩期の遺跡から、「魚醤」ら

しきものが出土しています。魚醤とは、塩漬けにして発酵させた魚介類のことです。塩を使って食べものを保存する技術は古代からあり、果物や野菜などを原料とする「草醤」や米や麦、大豆を原料とする「穀醤」があったことがわかっています。このうちの穀醤が醤油のルーツです。

仏教伝来のころ中国や朝鮮半島から醤の製法が伝わり、本格的に作られるようになったとされています。つまり、日本にも中国にも塩を使った発酵食品の製造技術があったというわけです。

ただし、当時の穀醤は液体ではなく、塩漬けにした大豆が発酵した状態と見られています。大宝元（７０１）年に成立した法典「大宝律令」によると、醤の製造過程の途中段階を「未醤」と呼んだようです。これが現在の味噌のルーツという説があります。**大宝律令には醤を作る役所があったことも記載されており、国をあげて製造していたことは確か**です。

平安中期に書かれた『宇津保物語』には「酢、醤、漬物皆同じごとしたり」と記されており、貴族たちの間で醤作りが定着していたことがうかがえます。

鎌倉時代に禅宗が普及し、精進料理が発達します。その際に「未醤＝味噌」が煮物

◉豆麹と麦麹

醤油は豆麹と麦麹を使って造られる。ニホンコウジカビとショウユコウジカビという菌が使われている。

料理の調味料として多く使われるようになりました。この未醤が発達し、「垂れ味噌」が登場しました。

垂れ味噌とは、江戸時代初期の『料理物語』によれば「味噌一升に水三升五合を加え、三升になるまで煮詰め、袋に入れてつるし、垂れ出る液汁を集め」た液体調味料のことです。

一方、文明10（1478）年から元和4（1618）年まで、奈良・興福寺の塔頭・多聞院の僧らによって書き継がれた『多聞院日記』には、味噌や醤の製法が具体的に記録されています。『多聞院日記』は「唐味噌」の複数の製法が登場するなど、当時の味噌や醤がわかる貴重な史料です。

そのうちのひとつは、煮た大豆と炒って粉にした麦を混ぜて麹を作り、塩水を加えて仕込むという製法でした。これは江戸時代以降の醤油の醸造法と似ている点が注目されています。つまり、**唐味噌が醤油の先駆け**と見ることができます。

ただし、唐味噌の名が登場する天文19（1550）年には、文献に「シヤウユ」という名が使われています。あえて唐味噌と記したのか、唐味噌とシヤウユの関係はどうなのか、まだわかっていません。

現在残っている諸史料から推定されるのは、垂れ味噌が味噌の2次加工品で、醤油は原料処理の段階から醤油という調味料を作ることを目的とした1次加工品ということです。

あるいは、中国から径山寺味噌の造り方を日本に持って帰った僧の心地覚心が、建長6（1254）年、紀州湯浅の村人にその味噌の造り方を教えていたところ、味噌の元になるものからしみだす液体のおいしいことに気づき、現在のたまり醤油が誕生したともいわれています。

いずれにせよ、醤油は味噌造りの過程で偶然生まれたようです。

関西の「下り醤油」が江戸へ

安土桃山時代には物資の流通も活発になっており、醤油も庶民に徐々に普及していきました。

醤油の需要の拡大に対応すべく、16世紀後半から17世紀半ばにかけて、湯浅のほか龍野（現在の兵庫県）、銚子・野田（現在の千葉県）などで醤油の醸造がはじまりました。

江戸時代初期は、醤油の産地はおもに上方でした。とくに堺で造られていた「醤油溜」の評判が高く、元禄期には名産品として諸国に流通していました。

17世紀から18世紀にかけては、大坂、ついで江戸が大消費地として成長していきました。すでに、菱垣廻船や樽廻船といった定期船が大坂と江戸を結んでいたことから、上方の醤油も江戸に運ばれ、「下り醤油」として高い人気を誇っていました。

当時は醤油だけではなく、上方から江戸に下ってくる「下りもの」は高級品で、江戸周辺で造られたものは「下らない」もの、つまり下級品とみなされていました。

18世紀半ばすぎの京都や大坂では他藩産の醤油が入ってくるようになり、醤油醸造業は衰退していきます。

以後、上方の醤油市場は龍野を中心として、湯浅や小豆島の醸造業者が市場の支持を得ていきました。

寛文6（1666）年、それまでの醤油とは違う「淡口醤油」が龍野で誕生します。藩主の脇坂安政がこの増産に力を入れた結果、龍野の醤油は淡口醤油に切り替わりました。

やがてこの醤油は、京都の懐石料理や精進料理などで使われるようになっていきます。江戸時代後期に藩主の脇坂安宅《やすおり》が京都所司代となり、京都や大坂での販路拡大に

◉江戸時代の代表的な産地

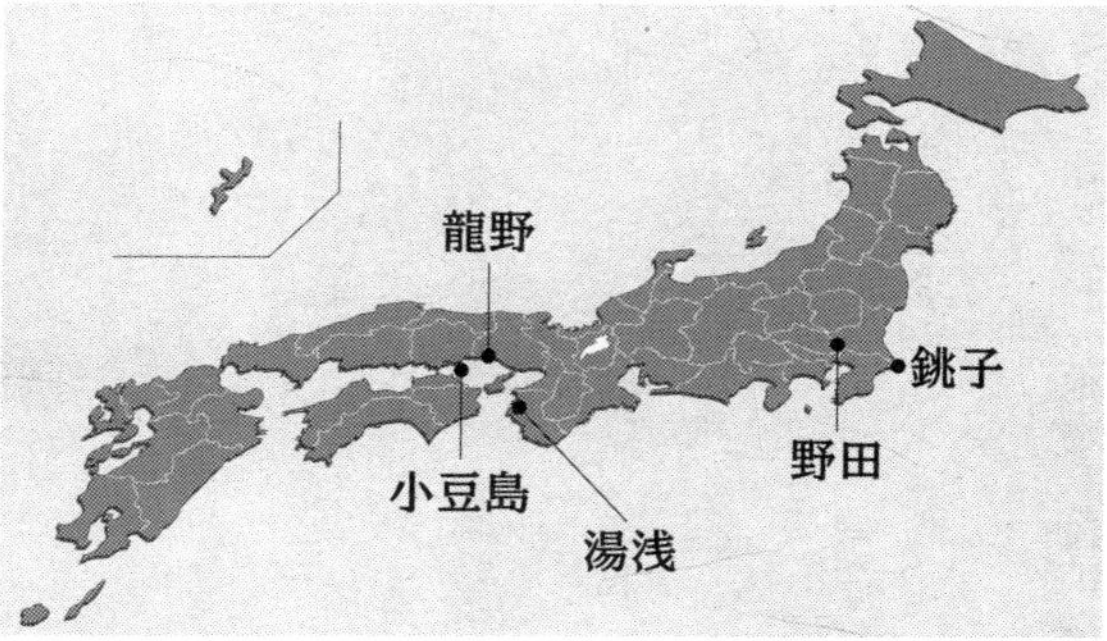

野田と銚子では「濃口醤油」が造られ、江戸で流通した。湯浅、龍野、小豆島では「淡口醤油」が造られ、京都、大坂で流通した。

尽力。その結果、現在のように関西を中心とした淡口食文化圏が形成されました。

「濃口醤油」が江戸の市場を席巻

18世紀半ばになると、江戸では下り醤油の消費量が減り、代わりに江戸近郊で醸造された「濃口醤油」が爆発的に売れていきました。理由としては、利根川や江戸川の水運の発達による地の利と、霞ケ浦周辺の大豆や筑波の小麦など質の良い原料が入手しやすかったことが挙げられます。

こうした関東地廻り醤油の産地は銚子、野田、土浦などでした。とくに銚子では宝暦4（1754）年、野田では天明元（1781）年にそれぞれ造醤油仲間が結成され、以後生産量を着実に増やしていきます。

新鮮な江戸前の魚介類の調理には濃口醤油がよく合ったことから、握り寿司のつけ醤油として江戸の人々の支持を得たのでしょう。濃口醤油の出現により「蕎麦つゆ」「鰻の蒲焼のタレ」など、現在でもおなじみの調味料が完成します。

ただし世間的な評価では、依然、下り醤油が名声を保っており、地廻り醤油は下に見られる傾向が続いてました。

江戸時代末期の元治元（１８６４）年、地廻り醤油が下り醤油の評価を上回る出来事が起こりました。幕府が諸商人に対し、現行の３～４割もの価格引き下げを厳命したのです。

銚子と野田の業者が「醤油は品質を落としたり、量をごまかしたりできない。値段を下げればつぶれてしまう」と幕府に懇願しました。すると幕府は、「次のものは〝最上醤油〟として、値下げをするにおよばず」と、現行価格での販売を許可しました。

価格据え置きを許されたのは、わずかに銚子の４銘柄と野田の３銘柄だけでした。

「上方が極上なら、関東はその上の最上」

◉野田の醤油造り

江戸時代に一大ブランドとなった野田の醤油は、大量生産されて大消費地の江戸に運ばれていった。

は銚子と野田の業者にとって最大の宣伝文句になり、以後は関東の醤油が全国の市場を席巻していきます。

ヨーロッパで評価された極東の調味料

江戸時代には、長崎から醤油が輸出されていました。オランダ船と中国船によって長崎から運ばれた醤油は、おもに中国大陸や東南アジア、インドやスリランカなどで使われました。さらに一部はオランダ本国まで運ばれ、極東の調味料として珍重されました。

日本の醤油がヨーロッパでも高い評価を得ていたことは、文献で確認できます。安永4（1775）年から1年ほど長崎の出島で暮らしたスウェーデンの医師・植物学者のツンベルクが記した『ツンベルク日本紀行』には、次のように書かれています。「(日本人は) 非常に上質の醤油を造る。これはシナの醤油に比してはるかに上質である。多量の醤油がバタビア、印度、および欧羅巴に運ばれる」。当時の世界と比較しても、日本の醤油の風味はすぐれていました。

明治以降、現在にいたるまで各地の醤油は料理とともに定着しました。

赤身の魚の多い東日本では、魚の臭みを消すために香りの高い濃口醤油が使われます。一方、出汁で素材を煮たあと、仕上げに醤油を加える調理法が主流の関西では、薄口醤油が使われます。古来、中国や韓国との長い交流の歴史をもつ九州では、甘味の強い醤油が好まれています。

日本国内でも地域によって嗜好が異なることを背景として、各地でさまざまな醤油が醸造されています。料理によって醤油を使い分けたり、醤油をベースにした新しい調味料を開発したりと、日本人はこれからも醤油を活用し続けていくでしょう。

醤油のこぼれ話

江戸時代の産地が醤油メーカーに

明治・大正時代に、かつて醤油の名産地だった場所で日本を代表する醤油メーカーが誕生しています。

野田の醤油造りを受け継いだのは、現在のキッコーマン食品です。

ほかにも、銚子の醤油造りを受け継いだヤマサ醤油、龍野の醤油造りを受け継いだヒガシマル醤油、小豆島の醤油造りを受け継いだマルキン醤油などがあります。

湯浅にも明治14（1881）年に丸新本家が誕生しましたが、一時醤油造りをやめてしまいました。現在は新会社を立ち上げて醤油造りをしています。

このほかにも、全国の醤油造りの産地で醤油メーカーが誕生しています。

忍者

夜陰にまぎれて情報収集をするスパイ。

「ninja」は今や世界の共通語であり、ドラマや小説、アニメで縦横に活躍している。外国人観光客の中には、忍者体験を希望する人も少なくない。

黒装束を身にまとい、敵地へ侵入して暗殺を遂行する。ピンチになると手裏剣を打つ——忍者はたしかに存在したが、そのイメージは虚実ないまぜとなっている。

そもそも隠密と呼ばれる存在だった忍者は、どのようにして誕生したのか。学術的な研究も進んでいる忍者の実態に迫る。

南北朝時代以後

国際忍者研究センターの設立

忍者の里・伊賀のある三重県の三重大学では、平成24（２０１２）年より忍者に関する学術的な研究が行われています。平成29（２０１７）年には、忍者に関する教育・研究を推進し、その成果を広く国内外に発信する国際忍者研究センターも設立されました。

さらに三重大学は、平成30（２０１８）年から大学院の入試で「忍者・忍術学」を導入しています。修士論文で忍者をテーマにすることができるなど、学術的な研究に深く取り組む姿勢を見せています。

こうした忍者の研究は、大正時代にはじまりました。評論家の伊藤銀月は、忍術を社会にどう活かすかという観点から研究を行いました。その後も、「最後の忍者」と呼ばれ、忍術を実演した武術家の藤田西湖や、「忍者の聖地・伊賀」を認知させることに貢献した上野市長の奥瀬平七郎らによって、忍者や忍術の実態が明らかにされていきました。

生きて戻り、情報を報告することが任務

史料で忍者の存在が確認できるのは、南北朝時代（１３３６～１３９２年）以後で、その起源は13世紀後半に荘園制の支配に抵抗した悪党だと考えられています。忍者は乱波・透波・草・奪口・かまりなど、地方によって呼び方は異なりますが、歴史的には「忍び」と呼ばれます。忍者という呼び名が定着したのは、昭和30年代に入ってからです。

戦国時代の忍びは大名に召し抱えられ、敵地への侵入、放火、破壊、夜討、待ち伏せ、情報収集などを行いました。いわば、スパイです。このうち**もっとも重要な任務は、敵の状況を主君に伝えること**でした。仮に敵に見つかった場合でも極力戦闘を避け、生き延びて戻ってくることが大前提だったのです。

高い塀に囲まれた屋敷や広い堀で囲まれた城に潜入する任務もありました。その場合、忍者は鍔《つば》が頑丈に作られている忍者刀を足場にして塀を乗り越え、水蜘蛛（足に着ける浮き輪のようなもの）を使って堀を渡りました。

もちろん、敵に見つかる可能性もあります。そうした事態に備えて、忍者はいくつもの道具を携帯していました。忍者刀や手裏剣で敵と戦い、火薬玉を爆発させて敵の視界を奪い、撒き菱をまいて逃走のための時間を稼いだのです。

戦国時代の有名な忍者としては、「飛加藤」の異名をとった加藤段蔵が挙げられます。「飛加藤」は実在し、驚異的な能力をもっていたといわれています。大きな牛を一呑みにしたり、自分の技を笑った見物人を縛り上げたりといった逸話が伝えられています。

上杉謙信に謁見した「飛加藤」は、その能力を恐れた謙信によって命を狙われました。そこで、謙信の宿敵だった武田信玄に仕官を申し出たものの、信玄にも警戒され結局は処断されたとされています。

伊賀と織田信長の戦い

室町時代末期の軍学者・小笠原昨雲がまとめた『軍法侍用集』には、多くの忍びの中でも伊賀者・甲賀者がもっともすぐれていると記されています。京都に近い伊賀・

甲賀地方では、まわりを山に囲まれていたため自治が発達し、住民は武装していました。ときには**諸国の大名に傭兵として雇われ、城に侵入したほか、戦闘に加わったことも確認されています。**

長く続いた伊賀の自治ですが、織田信長によって壊滅的な打撃が加えられました。天正9（1581）年、かねてより伊賀忍者の存在を快く思っていなかった信長は、次男の織田信雄を総大将として5万もの兵を伊賀に差し向けました。伊賀者たちは、蒲生氏郷隊に大きな被害を与えたり、比自山《ひじさん》城に籠もって幾度となく丹羽長秀勢を敗退させるなどの健闘をみせます。しかし、内応者が出たこともあって敗れました。一説によると、伊賀国全体9万人の人口のうち、3万人余が殺害されたといわれています。これを「（第二次）天正伊賀の乱」といいます。

大奥の警備や勤務状態の監察などを担当

圧倒的に知名度が高い伊賀忍者といえば、徳川家康に仕えた服部半蔵正成でしょう。じつは、半蔵自身は忍者ではなく伊賀者を統率した武士だったというのが実態の

◉天正伊賀の乱（第二次）

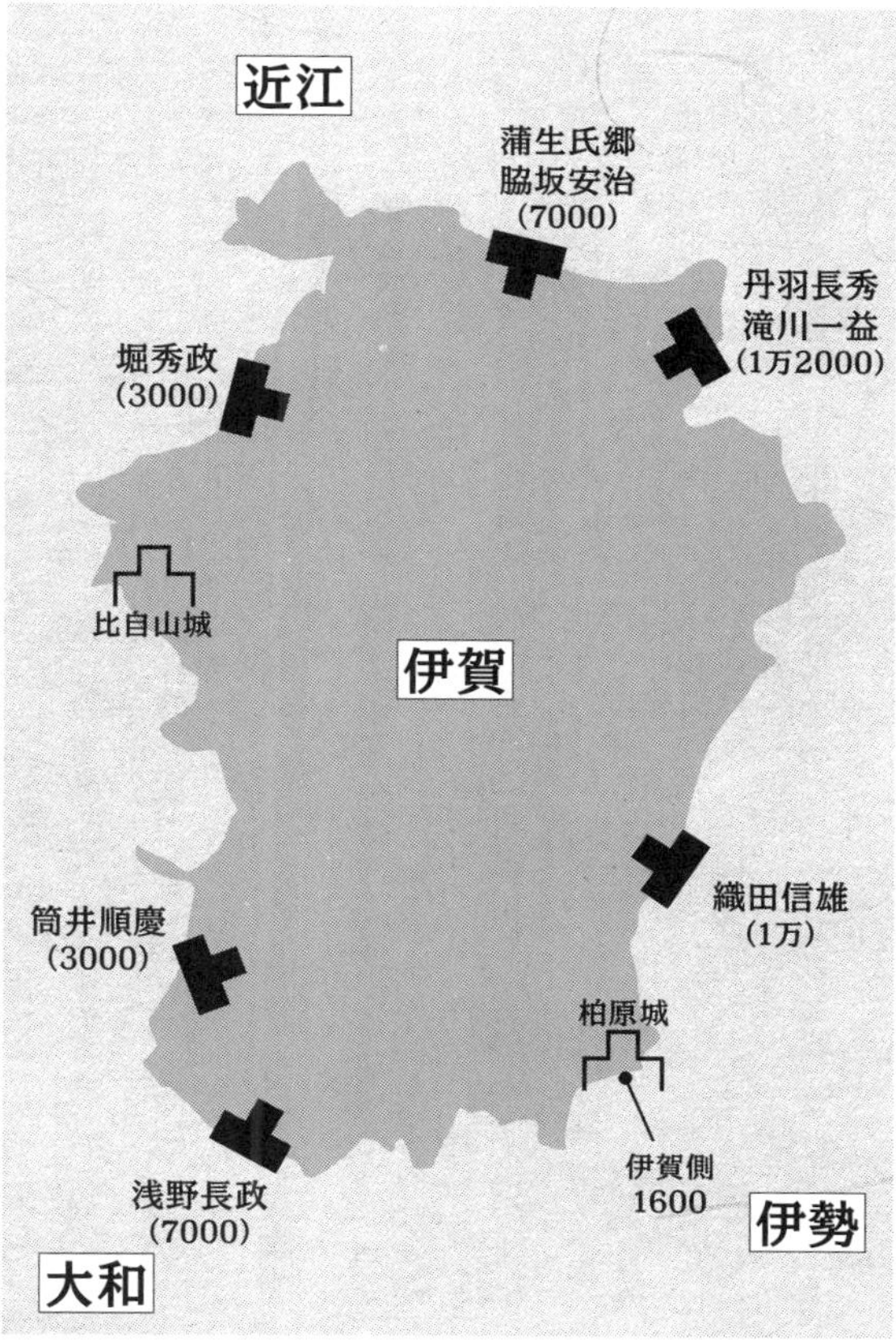

当時の伊賀者たちは現在の伊賀市と名張市で織田軍に抵抗した。しかし、圧倒的な兵力差もあって劣勢だった。

ようです。

半蔵は三河で生まれ、16歳の初陣では伊賀者60〜70人を率いて武功を立て、家康の持槍を拝賜しました。その後も数々の戦で徳川軍の侍大将として戦いました。「鬼半蔵」とも呼ばれるなど、戦場では相当な暴れっぷりだったと推測されます。

天正10（1582）年の本能寺の変に際し、泉州堺にいた家康を護衛して無事に三河へ帰還させた功績が知られています。

このとき半蔵は伊賀者と甲賀者に徳川家につくよう、説得したと伝えられています。こうして生き延びた家康は、伊賀者・甲賀者を取り立てることとなったのです。

天正18（1590）年、後北条氏が豊臣秀吉に屈服したのち徳川家康が江戸に入ると、伊賀者・甲賀者も江戸城下に移り住みました。半蔵は、江戸城麹町口門外に組屋敷を拝領しています。そこから麹町口門は半蔵門と呼ばれるようになりました。

その後幕府が開かれると、伊賀者や甲賀者は大奥や無人の大名屋敷などの警備、普請場の勤務状態の監察などを担当しました。また、甲賀百人組、伊賀百人組などに編成され、江戸城大手三之門の警備のため百人番所に詰めるという職務も担当しました。

盗賊になった風魔小太郎

　戦乱が終わり江戸時代になると、仕事にありつけない忍者が出てきます。大名たちは生き馬の目を抜くような戦国時代ほど必死に情報を収集する必要がなくなり、忍者の需要もなくなったのです。

　武家に仕官できた忍者は、多少なりとも自分の技術を活かすことができました。また、行商人に変装していた忍者はそのまま行商人になり、刀や手裏剣を作っていた忍者は鍛冶屋にと、手に職があれば転職に成功したようです。

　しかし、人に頭を下げて生きるのは真っ平御免だという忍者もいました。彼らは己の能力を最大限に活かすことができる職業を選びました。それは盗賊です。

　忍者出身の盗賊としては、風魔小太郎が知られています。代々、後北条氏に仕えた風魔忍者の頭領でしたが、後北条氏の滅亡後は江戸の町を荒らし回っていました。幕府は、懸賞金をかけても風魔小太郎をなかなか捕らえることができませんでしたが、ついには、敵対していた忍者出身の盗賊の手引きによって捕らえられています。

忍者は江戸時代に「発明」された!?

本物の忍者が姿を消していく一方、小説や芸能を通じて虚像としての忍者が登場します。**巻物を口にくわえて両手で印を結び、跡形もなく消えうせる忍者像は、江戸時代前期の仮名草紙作家・浅井了意の『伽婢子《おとぎぼうこ》』に収録されている「飛加藤」と「窃の術」に由来すると見られています。**

◉『北斎漫画』の忍者

黒装束を身にまとっている。

江戸時代後期には、歌舞伎でも黒装束に身を包んで手裏剣を打つ忍者が登場するようになりました。さらに葛飾北斎の浮世絵『北斎漫画』にも、黒装束の忍者が描かれています。現代につながるイメージという意味で、「忍者は江戸時代に発明された」といえるかもしれません。

以降、大正時代には立川文庫の『猿飛佐助』が大ヒットして忍者ブームが起こり、イメージが定着していきました。

海外では、1980年代から忍者がもてはやされました。ショー・コスギが主演を務めた映画『燃えよNINJA』のヒット、その影響を受けたアニメ『ティーンエイジ・ミュータント・ニンジャ・タートルズ』がヒットしたのです。さらに、日本のマンガ『NARUTO』を通じて忍者ファンになった外国人も多数います。

最近は忍者に関心をもつ外国人観光客のために、各地で忍者ショーが開催されています。ところが、ショーに出演する忍者が不足しているようです。忍者の学術的な研究は進んでいますが、イメージ拡大のための人材育成が課題となっています。

忍者のこぼれ話

忍術伝承のため、忍術の百科事典を編纂

大坂夏の陣によって豊臣家が滅び、徳川家の覇権が確立したころ、忍びの方法や忍者の心構えなどを記した忍術書が書かれました。

さらに、忍者の間で代々伝えられてきたさまざまな知恵や技術がすたれてしまうという危機感からか、延宝4（1676）年に伊賀忍者・藤林長門守の子孫で伊賀の郷士の藤林保武が、中国の兵書である『孫子』をはじめとしたさまざまな兵法書や忍術書を参考にした『万川集海』を編纂しました。

同書は全22巻もの大著で、忍者の心構えから忍術の説明、道具の使い方までを解説しています。このことから、忍術の百科事典とも呼ばれています。

茶道

利休が大成し、家元制度で受け継がれた伝統文化。

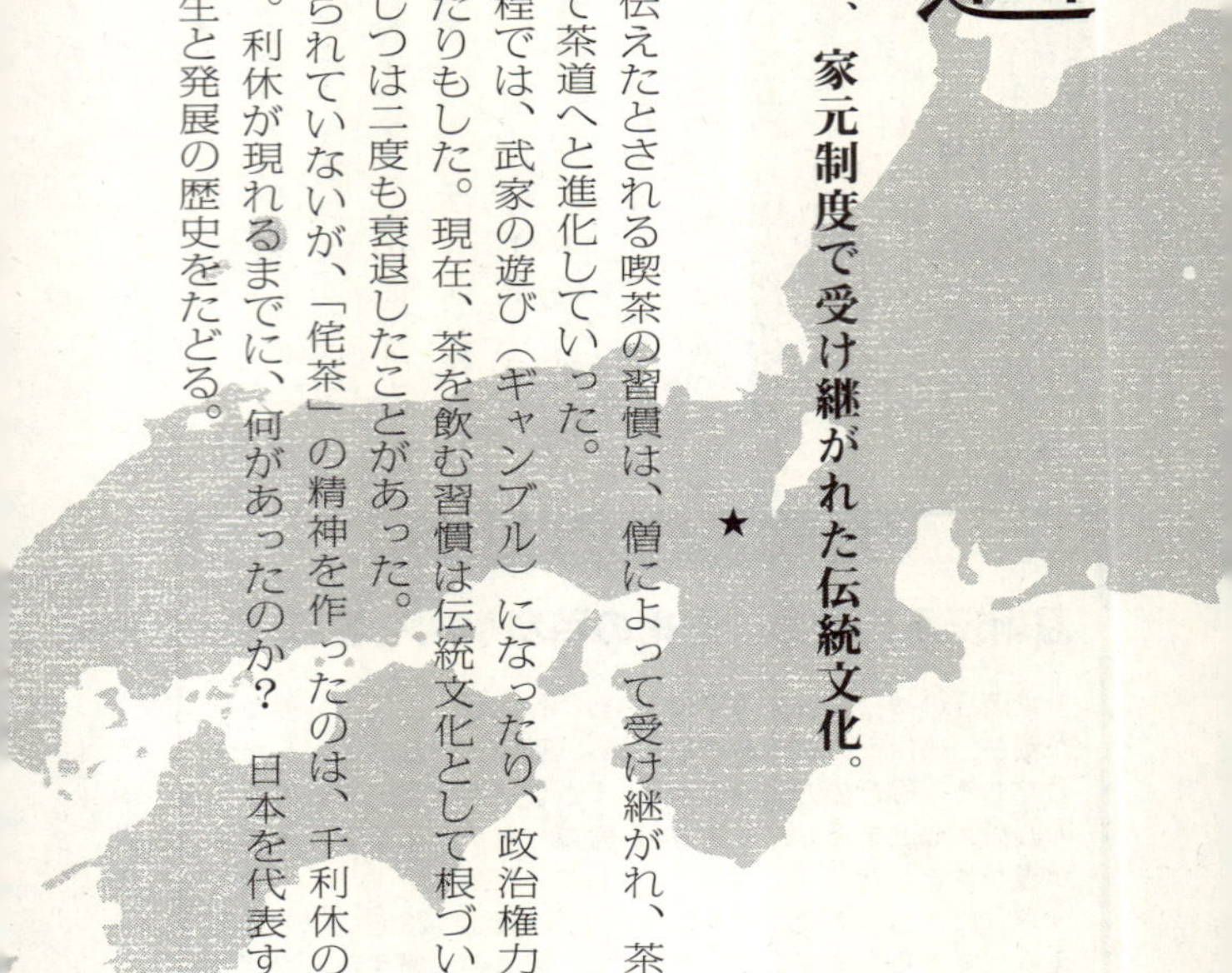

遣唐使が伝えたとされる喫茶の習慣は、僧によって受け継がれ、茶の湯、そして茶道へと進化していった。

進化の過程では、武家の遊び（ギャンブル）になったり、政治権力と結びついたりもした。現在、茶を飲む習慣は伝統文化として根づいているが、じつは二度も衰退したことがあった。

あまり知られていないが、「侘茶」の精神を作ったのは、千利休の師匠だった。利休が現れるまでに、何があったのか？　日本を代表する芸道の誕生と発展の歴史をたどる。

16世紀後半

寺院から武家に広がった喫茶の習慣

喫茶（茶を飲む）文化は、延暦23（804）年に派遣された遣唐船で唐（中国）に渡った空海や最澄などの僧が日本に伝えた可能性が大きいといわれています。弘仁年間（810～824年）になり、唐から入ってきた新しい風俗として、嵯峨天皇をはじめ、宮廷貴族や僧の間で喫茶が流行しました。当時のお茶は「磚茶《だん》」といい、固形のお茶を飲む際に砕き、湯で煎じていました。

しかし、その後の国風文化の流れを受け、喫茶の習慣は失われていきます。一方、僧の間では飲むと目が冴えるとして（実際、緑茶にはカフェインが含まれている）、中世まで喫茶の習慣が受け継がれました。

抹茶を点《た》てて飲む習慣は中国の宋の時代にはじまりました。この宋風の喫茶を日本にもたらしたのは、鎌倉時代の禅僧・栄西です。栄西は二度、宋に渡って禅宗を学んでおり、禅宗寺院で抹茶を飲む体験をしたのでしょう。

栄西が記した日本初のお茶の専門書『喫茶養生記』の中で、「中国人はつねにお茶を飲んでいるから、長寿を保っている。したがって、お茶は長寿のための妙薬である」と説いています。

深酒の癖のある3代将軍・源実朝に、栄西がお茶とともに『喫茶養生記』を献上したと鎌倉時代の歴史書『吾妻鏡』に記されています。

喫茶の習慣は禅宗寺院や武家社会に浸透し、鎌倉時代後期には庶民も茶を楽しむようになります。やがて「闘茶」という遊びとしての茶道や、中国伝来の豪華な茶器を集める美術鑑賞としての茶道などが広まっていきました。

闘茶とは、中国（南宋）から伝わり鎌倉時代末期から室町時代中期にわたって爆発的な人気をよんだ茶会の形式です。本茶（栂《とがの》尾《お》茶）と非茶（栂尾以外の産地の茶）を飲んで産地を当てる遊びで、賭け物を取り合うギャンブルとして流行しました。

闘茶をもっとも好んだとされるのが、南北朝時代に北朝方に属した佐々木道誉でした。「バサラ大名」と称された道誉は、知人を集めて豪華な闘茶をたびたび催したといわれています。

しかし、闘茶の弊害は大きく、度のすぎた賭け事に発展することもありました。室町幕府を開いた足利尊氏は『建武式目』で禁止したほどです。

その後、8代将軍・義政が多数の中国製の茶器を収集したこともあって、武家にも喫茶の習慣が定着します。

千利休が茶道を大成

室町時代中期以降、お茶を点てて訪問客に提供する際の作法が確立し、村田珠光や武野紹鴎《たけのじょうおう》などによって茶会が催されました。

奈良から京都へ出た僧の村田珠光は、中国製の茶器を使って飲む豪華なお茶ではなく、日本製の茶道具も使って不完全なものの中の美を見出すという「侘茶」を創出しました。**侘茶を受け継ぎ、「わび」という言葉を使いはじめたのは堺の武野紹鴎です。そして、紹鴎の弟子として登場したのが千利休です。**

利休は茶の湯を芸道として完成させ、盛んになる基礎を作り上げました。利休の考え方をもっともよく表しているのが、小さな茶室を作ったことでしょう。定型化していた四畳半の茶室を二畳にまで縮めることで、主人と客が直《じか》に心の交流ができるようにと考えたのです。

また、利休は茶室に躙口《にじりぐち》を設けました。躙口を露地（外界）と茶室（内部）の結界とし、狭い躙口を通ることで精神的な緊張を高めようとしたと考えられます。露地は茶庭とも呼ばれ、茶室に付随している庭園です。

利休は、茶室を農家の藁屋に、露地は山寺へ続く道に見立てました。茶室と茶室への通路として使う空間をもてなしの空間として表現したのです。

こうして、**利休は客とともにお茶を楽しみ、露地に足を踏み入れた瞬間からすべての工程を芸術の域にまで高めました。**道具もそれまでもてはやされていた中国製の茶器ではなく、国産の道具や自分でデザインして職人に作らせたものを使いました。

織田信長と豊臣秀吉の功績

永禄11（1568）年に上洛した織田信長は、今井宗久、津田宗及、千利休を茶頭に起用します。このことが茶の湯のあり方に大きな変化をもたらしました。茶頭を媒介とする政治がはじまり、権力者に任命された茶頭が影響力をもったのです。

また、信長は名物といわれた茶道具を家臣たちへの褒美として与えました。その結果、茶道具が権威の象徴になりました。

天下人、すなわち信長の許しを得なければ、家臣は勝手に茶の湯を楽しむことを許されなかったことから、茶の湯の権威を高めることにつながっています。

信長のあとを継いで天下を治めた豊臣秀吉にとっての茶の湯とは、権勢を誇示するためのツールでした。

信長は茶の湯そのものを利用しましたが、秀吉は利休と利休をとりまく人脈を利用したのです。利休は、茶人という立場に留まることなく、豊臣政権で重きをなしました。

ところが利休は、大徳寺に寄進した山門に、みずからの像を設置して秀吉にその下

◉大徳寺の山門

この門の上に利休の像が立てられた。秀吉は「股の下をくぐらすのか！」と怒ったとされる。

をぐらせたことなどの理由で、秀吉から切腹を命じられています。

有名な秀吉の黄金の茶室と珠光、紹鴎から受け継いだ利休の茶の湯とは相容れなかったのかもしれません。

利休の弟子と子孫の貢献

千利休の死後、「利休七哲」と称された弟子のうち、古田織部が茶の湯名人と呼ばれました。

その後、織部の晩年の弟子である小堀遠州が出て、さらに続く片桐石州の茶が武士の間で広まりました。

一方の千家は、利休の切腹後、2代少庵、

◉利休七哲

蒲生氏郷	弟子のうち筆頭とされる。キリシタン大名
細川忠興	風流人としても知られた幽斎の子、妻はガラシャ
古田織部	大坂夏の陣で豊臣方に内通した罪により切腹
芝山監物	利休にもっとも近かったとされる戦国武将
瀬田掃部	めずらしい茶器を所有していた
高山右近	キリシタン大名。江戸時代にマニラへ追放された
牧村利貞	信長、秀吉に仕える。朝鮮で病死した

3代宗旦と続きます。宗旦の次男・宗守が武者小路千家、三男・宗左が表千家、四男・宗室がそれぞれ裏千家のはじまりです。

江戸時代においては、3つの千家がたがいに養子のやりとりをしつつ、共同で茶道の普及・発展に尽力していましたが、明治以降になると、それぞれが別流派とみなされるようになっていきます。

利休以前からの流派も存続しており、村田珠光の奈良流や、武野紹鴎の堺流などがあります。

さらに、利休の直弟子や武野紹鴎の門人らが開いた藪内流、織部流、遠州流、有楽流のほか、千利休の息子や孫の流れをくみながらも、3つの千家とは異なる流派な

◉千家の系譜

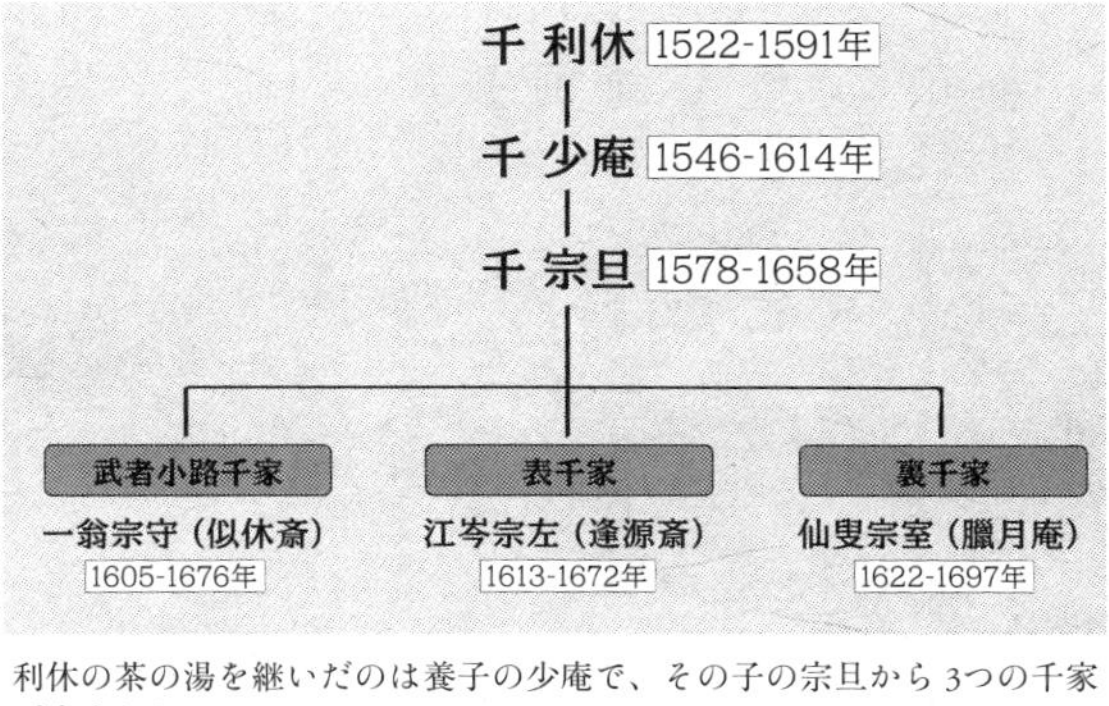

利休の茶の湯を継いだのは養子の少庵で、その子の宗旦から3つの千家が生まれた。

ど、数多くの流派が茶道の普及・発展に貢献しています。

家元制度と七事式

豊臣秀吉の死後、天下人となった徳川家康が江戸幕府を開きました。幕府の儀礼に正式に取り入れられた茶の湯は、武家社会に欠かせないものとなっていきます。

利休の死後100年にあたる元禄3（1690）年に向けて、利休の考え方に立ち返ろうという流れが生まれます。というのも、時代が経つにつれ千家のお茶も変わっていったからです。筑前黒田藩の家老・立花実山が、利休に仮託して『南方録』を編集し、利休流のお茶をあがめ奉ったのは、いい例ではないでしょうか。

また、茶の湯の愛好者が増えるにつれて、啓蒙的な茶書が多数世に出ました。さらにこのころから「茶道」という言葉が使われるようになりました。

茶道の普及を前提として作り出されたのが、「家元制度」です。これは、千家などの特定の家元（流派の当主）が免許状を発行する権利を有するシステムです。それまでの**特定の人にのみに芸が受け継がれる制度とは異なり、多くの人に免許状を発行す**

ることによって、芸が広く受け継がれるというメリットがありました。

師匠は、自分よりも上位の師匠に免許状の発行を申請し、その師匠は家元に免許状の発行を申請します。この際、御礼を納めました。こうすることで家元の権威を保つと同時に、経済的な基盤も確立できたのです。

家元制度は、弟子が独立して分派することを防ぐのにもつながりました。この制度は、18世紀前期にできあがったと考えられています。

18世紀半ばに表千家7代の如心斎天然《じょしんさいてんねん》が中心となって考案した「七事式」は、茶の湯人口が増えたことを前提とした作法です。七事式とは花月、且座《さざ》、廻り炭、廻り花、茶かぶき、一二三《ひふみ》、員茶《かずちゃ》の7つの茶事の作法を指します。

かつて流行した闘茶を「茶かぶき」として七事式に取り入れたように遊びの雰囲気の中で茶に対する感覚を磨きつつ技量の向上を図るという、まさに、茶の湯を庶民に受け入れられやすくするための方法でした。この七事式を活用して、江戸の武士と町人に千家の茶道がさらに広がっていくことになります。

岡倉天心の『茶の本』

茶道（茶の湯）は古くさいものとして明治維新を境にいったん衰微しますが、明治20年代に入ってから、再興の道を歩みはじめます。住友友純《ともいと》、益田孝、五島慶太、畠山一清、小林一三などを中心とした財界人による茶会が盛んに行われたのです。

裏千家11代の玄々斎精中《げんげんさいせいちゅう》は、外国人を迎え入れるために、正座でなく椅子に座って行う立礼式の茶道を考案。13代の円能斎鉄中《えんのうさいてっちゅう》は女学校教育の中に茶道を取り入れるよう働きかけたり、機関誌を発行したりして、新たな茶人を養成すべく尽力しました。14代の無限斎碩叟《むげんさいせきそう》は学校や職場での茶道の発展を図り、さらに海外での茶道の普及に努めています。

明治39（１９０６）年、美術評論家の岡倉天心が書いた『茶の本』が、ニューヨークで発売されました。岡倉は、開国から50年あまり経過したにもかかわらず日本文化や日本そのもの、そして東洋全体が西洋人に誤解されていることを憂い、この本を書いたとされています。

岡倉は、当時英訳されて注目を集めていた新渡戸稲造の『武士道』の精神を「死の術」とし、（道教の影響を受けつつ日本で完成した）**茶の湯は「生の術」に関する宗教である**と言い切りました。

こうして、日本人の精神性とそれを体現する芸術として、茶の湯が世界に知らしめられました。

昭和26（1951）年、初の裏千家海外支部がハワイで立ち上げられました。以降、南北アメリカ大陸の主要都市に、次々と支部が設立されています。

現在、茶道は裏千家を中心に世界の約40カ国、110余の拠点を構えるまでに広がりをみせており、注目されています。

茶道のこぼれ話

3つの千家の違い

「表」「裏」「武者小路」という流派の呼び方は、それぞれの家があった場所（位置関係）からとられています。

本家である表千家に対し、通りを隔てて裏側に庵があったため分家が裏千家、武者小路に庵があった分家が武者小路千家と呼ばれるようになりました。

それぞれの流派の違いは、お茶を泡立てる裏千家、あまり泡立てないそのほかの2家、一畳を4歩で歩く裏千家、6歩で歩くそのほかの2家というように表千家と武者小路千家は作法が似ています。

ただし、部屋に入るときはバラバラで、左足から入るのが表千家、右足から入るのが裏千家、柱側にある足から入るのが武者小路千家です。

歌舞伎

出雲阿国にはじまり、「ＯＮＥ ＰＩＥＣＥ」まで題材となる演劇。

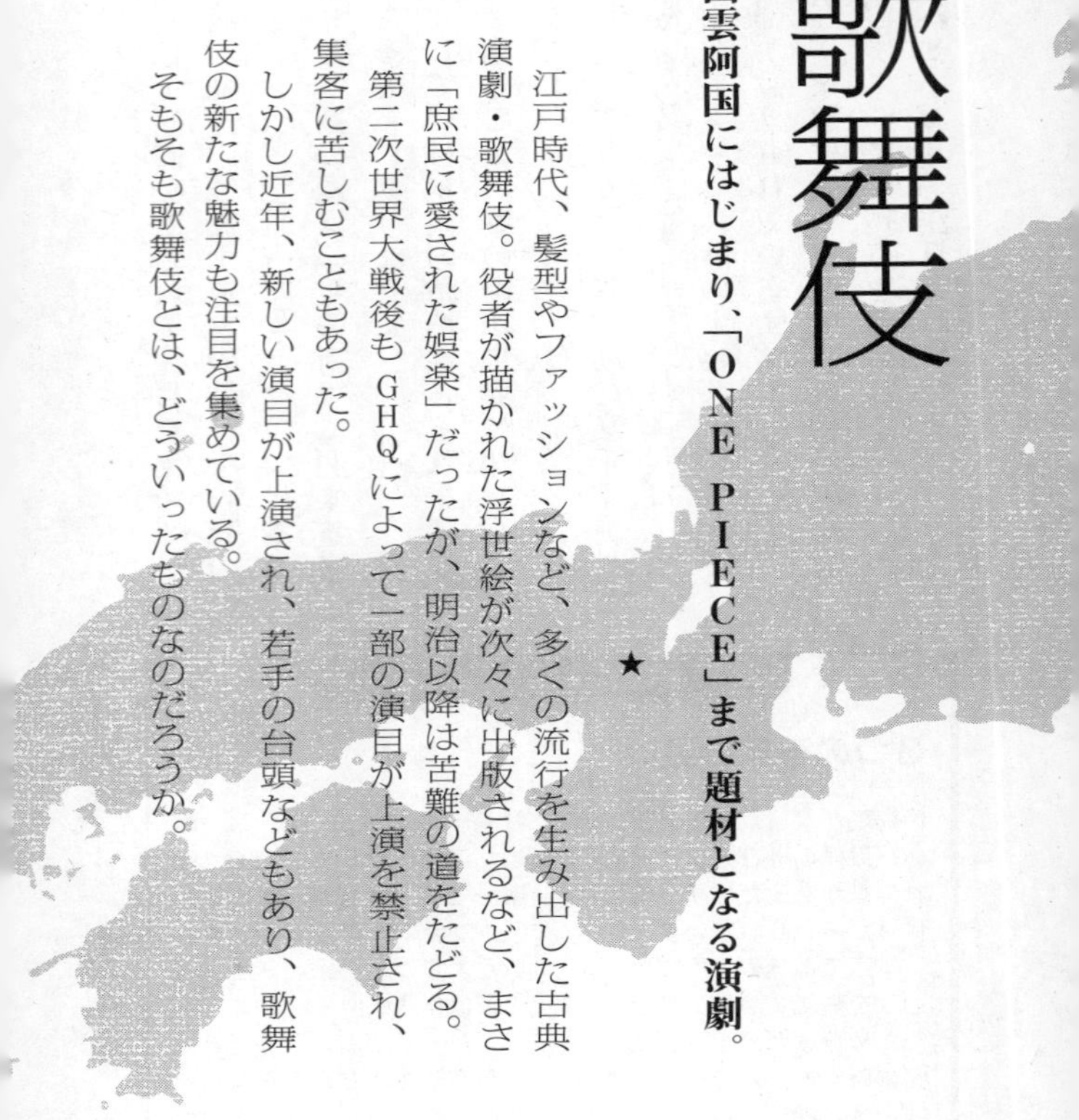

江戸時代、髪型やファッションなど、多くの流行を生み出した古典演劇・歌舞伎。役者が描かれた浮世絵が次々に出版されるなど、まさに「庶民に愛された娯楽」だったが、明治以降は苦難の道をたどる。第二次世界大戦後もＧＨＱによって一部の演目が上演を禁止され、集客に苦しむこともあった。

しかし近年、新しい演目が上演され、若手の台頭などもあり、歌舞伎の新たな魅力も注目を集めている。

そもそも歌舞伎とは、どういったものなのだろうか。

慶長8（1603）年ごろ

奇抜な服装、髪型で踊った出雲阿国

歌舞伎の舞台には、女性は上がれません。しかし、歌舞伎のルーツは女性です。なぜ、このようなことになったのでしょうか。

寛永年間（1624〜1644年）に成立したとされる歴史書『当代記』の慶長8（1603）年の項に「**この頃、かぶき踊りというものが踊られた。出雲の巫女を名乗る国という女性が京に上り、変わった風体の男の扮装をして踊った**」という趣旨の記述が見られます。この国という女性が出雲阿国です。

出雲阿国とその一座は、当時の京都にいた「かぶき者」の髪型や服装をまねて舞台で踊り、人気を博しました。かぶき者とは、派手な出で立ちや髪型をして反体制的な言動をする人々で、安土桃山時代の終わりから江戸時代のはじめにかけて江戸や京都などに現れました。

社会現象をヒントに立ち上げた阿国のかぶき踊りが人気になると、それをまねた「女歌舞伎」の一座が次々と現れ、京都や江戸などでも興行を打ち、人気を博しました。

ところが、女歌舞伎の中には遊女が客を引くために踊るようなものが多く、風俗を乱すという理由で、寛永6（1629）年前後から禁令が出され、姿を消します。その後、まだ前髪を残した少年が演じる「若衆歌舞伎」に人気が集まりました。これも風俗を乱すとして承応元（1652）年ごろから、禁令が出されました。禁令以降、現代のように前髪をそり落とした野郎頭の成人男性が演じる「野郎歌舞伎」の時代に入っていきます。

当初、野郎歌舞伎は歌や踊りによる短い場面ごとに完結する「離れ狂言」を続けて上演していましたが、次第にストーリー性をもった複数の場面からなる「続き狂言」が上演されるようになります。

やがて延宝年間（1673〜1681年）には、複雑になったストーリーを表現するため、役柄が確立しはじめます。たとえば、女性を演じる「女方」、男性役の「立役」、滑稽な役を演じる「道化方」などです。

江戸の歌舞伎が大きく発展したのは、元禄年間（1688〜1704年）です。「見得」や「六方」などの演技、扮装によって表現される豪快で力強い芸「荒事」を得意とした初代市川團十郎の登場で、庶民の間でブームが起こりました。

◉市川團十郎（9代目）の像

荒事の人気演目である『暫』の主人公・鎌倉権五郎を演じる姿。東京・浅草にある。

一方の上方では、恋愛描写を中心とする「和事《わごと》」を得意とした初代坂田藤十郎が人気を博しました。

「女方」の登場

歌舞伎の特徴のひとつに、男性が女性を演じる「女方」が挙げられます。若衆歌舞伎にも女方はありましたが、役者としての技量よりも見た目が優先されました。

野郎歌舞伎では、女方を専門とする役者が登場し、女性らしさを表現するようになります。

女方は、女性の衣装を身につけ、手拭や頭巾で頭を隠していましたが、やがて、紫帽子をつけるようになります。延宝年間にかつらが考案されたことで、より女性らしさを要求されるようになりました。

衣裳や化粧などの見た目だけでなく、女性が歩く様子を演じる場合に両膝をつけて内股にする、肩甲骨をぐっと下に落としてなで肩を表すなどのしぐさや表現も工夫されました。写実的に女性を演じるのではなく、あくまでも舞台上で女性らしく見えるようにと、試行錯誤を重ねた上で生まれた動作なのです。

元禄年間に活躍した女方の初代芳澤あやめは、普段から女性同様の生活をすることによって、女方芸の基礎を固めました。あやめは女方の心得や演技論をまとめた芸談

◉芳澤あやめ（初代）

江戸中期に大坂で活躍した女方のスペシャリストで、坂田藤十郎と並ぶほど評価が高い。ただし男役を演じると不評だったという。

『あやめ草』を残し、女方芸の確立に大きな役割を果たしています。

同じ演目でも異なる演技・演出

文字どおり歌舞伎は、歌＝音楽、舞＝舞踊、伎＝演技・演出から成り立っており、この三要素の集大成ともいうべき総合芸術です。

●歌

音楽は、三味線とともに発展してきました。「唄い物」と「語り物」に大別され、前者の代表は歌舞伎舞踊の伴奏音楽として享保年間（1716〜1736年）ごろまでに成立した「長唄」、後者の代表は貞享年間（1684〜1688年）に竹本義太夫がはじめた「義太夫節」です。

●舞

舞踊には数多くのレパートリーがあり、どの舞も美しい身のこなしが基本。芝居ではありませんが、現代でも5代目坂東玉三郎が舞踊のみの公演を行っています。

●伎

歌舞伎では、感情表現のひとつひとつを誇張して表現する。これが演技の基本です。近代の演劇のように写実性を重視するのではなく、あくまでも舞台上でそれらしく見えることを追求しました。その結果、独特の様式美あふれる表現が確立されていったのです。

もうひとつ、歌舞伎の特徴として「型」が挙げられます。型とは、演目や役の解釈によって行う特定の演技や演出です。團十郎型、音羽屋型など、その型を作り上げた役者の名跡や屋号、「上方の型」など伝わった地域名をつけて呼ばれます。

型は、親子や師弟の関係によって受け継がれていきます。そしてどの型で演じるのかは、役者個人が決めています。つまり、**同じ演目でも演じる型が異なるなど、さまざまなバリエーションがあるのです。**

江戸時代からあった宙乗り

アイドルのコンサートではすっかりおなじみになった宙乗り。平成29（2017）年7月、4歳の堀越勸玄《かんげん》君が父親の市川海老蔵とともに宙乗りを披露し、歌舞伎史上

◉現在の金丸座

国の重要文化財に指定されている。現在も「こんぴら歌舞伎」が上演されている。

宙乗りの最年少記録を樹立しました。

宙乗りに最初に挑戦したのは、初代市川團十郎です。元禄13（1700）年、「大日本鉄界仙人」での宙乗りがもっとも古い記録です。

当時のやり方は不明ですが、現存する日本最古の芝居小屋・金丸座（香川県）を大改修した際に、宙乗りの痕跡が発見されました。この仕掛けが復元され、今でも古風な宙乗りを目にすることができます。

舞台の仕掛けといえば、**廻り舞台やせり舞台のように、床をくりぬいて動きをつくるオリジナルの装置が考え出されました。**

廻り舞台は、丸くくり抜いた舞台を回転させるという仕掛けで、場面転換に使われました。同じく床をくり抜いて作る「せり」は、役者や大道具を床下から舞台上に押し上げたり下ろしたりすることによって、役者の出入りや屋根の上の場面への転換などに使われます。
また、舞台から客席の中を通る花道は、場面に合わせて道や廊下、海などのさまざまな場所を表現するのに使われました。こうした舞台機構が発達し、動きのある演出が可能になっていきました。

GHQによる上演禁止

第二次世界大戦時の空襲によって、主要都市の劇場のほとんどは焼失しましたが、昭和20（1945）年9月から東京劇場で戦後の歌舞伎は再開されました。

◉歌舞伎の舞台機構

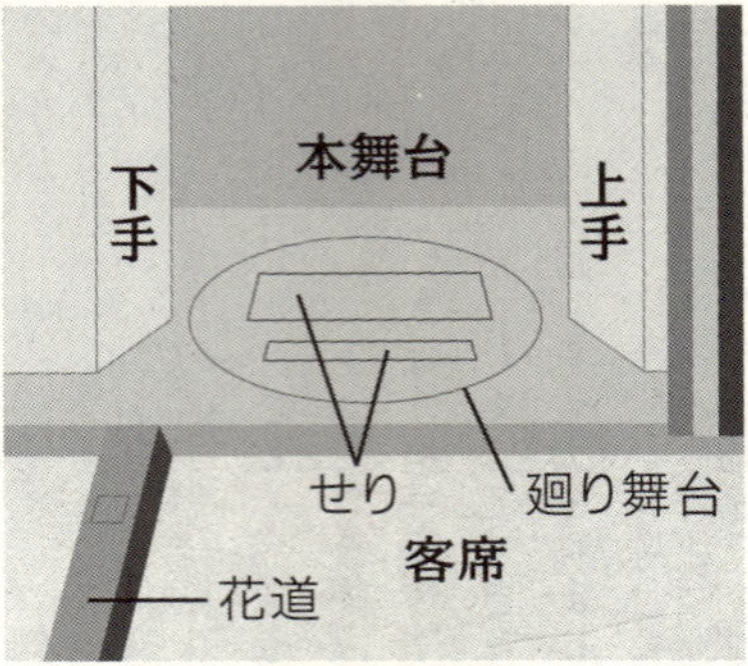

中央の円で囲まれた部分が「廻り舞台」、その中にある細長いものが「せり」だ。

しかし、間もなく連合国軍最高司令官総司令部（GHQ）は、「仮名手本忠臣蔵」などおもな演目の上演を禁止しました。内容が民主主義に反し、封建的だと判断されたからです。この措置により、歌舞伎は存亡の危機を迎えました。関係者の熱意と努力で徐々に上演が許され、昭和22（1947）年に、全面的に上演が許されました。

歌舞伎座も昭和26（1951）年に再建され、同年に上演された「源氏物語」が大きな反響を呼びました。

古典芸能として認知されていた歌舞伎に新風が吹いたのは、昭和61（1986）年。3代目（現・2代目猿翁）市川猿之助が「スーパー歌舞伎」をはじめました。伝統的な技法を生かしつつ、最新の舞台装置や照明を使ったエンターテインメント性の高い作品は、歌舞伎の新たなジャンルとして注目されました。このスーパー歌舞伎は4代目市川猿之助に受け継がれ、平成27（2015）年には大ヒットマンガが原作の『スーパー歌舞伎Ⅱ ワンピース』が上演され、興行的にも大成功をおさめました。

一方の古典歌舞伎も、若手が次々と台頭しています。平成25（2013）年には歌舞伎座（第5期）が竣工し、多くの人が劇場に足を運ぶようになりました。

浮世絵

ゴッホを魅了した鮮やかな色使いと大胆な構図。

海外の美術館が所蔵する浮世絵を日本で鑑賞する「里帰り展」には、入館待ちの長い行列ができる。

また、主として葛飾北斎の作品を展示する東京都のすみだ北斎美術館は平成28（２０１６）年の秋に開館し、わずか5カ月で年間の目標入館者数である20万人を突破した。

じつは、浮世絵のすごさに最初に気づいたのは外国人だった。江戸時代に一世を風靡した浮世絵は意外と安く手に入り、高級品ではなかった。では、浮世絵の何が外国人を魅了したのだろう。

17世紀後半

浮世絵に多大な影響を受けたゴッホ

第2回パリ万国博覧会（1867年）に日本の浮世絵が出品されると、ヨーロッパでは、「ジャポニズム」というムーブメントが起こりました。それまでヨーロッパの絵画は戦争画や宗教画、あるいは貴族の肖像画ばかり。庶民の日常をのびのびと描く浮世絵の自由な画風や明るい色使い、そして構図が異国の芸術家たちに大きな衝撃を与えたのです。

とくに、歌川広重の『名所江戸百景 亀戸梅屋舗』のような左右非対称で、余白を活かす構図、対象物の一部を拡大、あるいは切り取った大胆な構図は驚きをもって迎えられました。

若い芸術家たちは、浮世絵をお手本にさまざまな研究を重ね、切磋琢磨しました。そうして誕生したのが「印象派（印象主義）」という芸術運動です。印象派の中でジャポニズムの影響を強く受けたのが、フィンセント・ファン・ゴッホです。

ゴッホは、弟に送った手紙に「僕の仕事は、みな多少日本の絵が基礎となっている」

と記しています。

また、**ゴッホが明治20（1887）年ごろに描いた『タンギー爺さん』の背景には、いくつもの浮世絵が並んでいます。**ゴッホの作品は、本人の生前には評価されませんでした。死後にその作品を紹介したのは、日本の画家・岸田劉生《りゅうせい》や小説家・武者小路実篤でした。彼らによって、日本国内においてはゴッホの作品が高く評価されていくのです。

「クールジャパン」の元祖・葛飾北斎

昭和35（1960）年にオーストリアのウィーンで開催された世界平和評議会で、葛飾北斎が「世界の文化巨匠」として顕彰されました。

平成10（1998）年には、アメリカの雑誌『ライフ』で「この1000年でもっとも偉大な業績を残した100人」として、北斎は日本人で唯一選ばれました。北斎が「クールジャパン」の元祖といわれるのは、当然のことでしょう。

そもそも浮世絵とは、浮世（現代）を描いた絵、つまり風俗画のことです。江戸時

◉タンギー爺さん

パリのロダン美術館に所蔵されている。背景に描かれているのは、渓斎英泉 の『雲龍打掛の花魁』、歌川国貞の『三世岩井粂三郎の三浦屋高尾』、歌川広重の『五十三次名所図会 四十五 石薬師 義経さくら範頼の祠』『富士三十六景 さがみ川』、作者不詳の『東京名所 いり屋』とされる。

◉見返り美人図

歩いている途中で振り返る江戸の女性を描いた作品。

代の庶民の楽しみといえば「芸者遊び」と「芝居」。それらは浮世絵では「美人画」と「役者絵」として展開されていきます。

「浮世絵の元祖」あるいは「浮世絵の開祖」と呼ばれているのは、安土桃山時代から江戸時代初期に活躍した岩佐又兵衛です。一般庶民の暮らしや心情を主題にした又兵衛の風俗画は、当時としてはきわめて斬新でした。「浮世又兵衛」とも呼ばれ、後の絵師に多大な影響を与えました。

「浮世絵の始祖」といわれているのは、江戸時代初期に活躍した菱川師宣です。当時の江戸では、遊郭のあった吉原などの風俗を描いた挿し絵入りの読み物が人気を博していました。

やがて、読み物よりもおまけである師宣の絵が評判を呼ぶようになり、師宣は挿し絵を1枚の絵として独立させます。

こうして、浮世絵と呼ばれる分野が確立しました。

ところで、浮世絵は一枚刷りの版画だと思われがちですが、すべてがそうではありません。じつは読み物に描かれた挿し絵も浮世絵の一種です。さらに肉筆浮世絵という、直接紙や絹に描かれた浮世絵もあります。

版画なら何百枚と刷ることも可能ですが、肉筆浮世絵は、この世にたった1枚しか存在しないという違いがあります。

そもそも浮世絵は、肉筆からはじまりました。18世紀に木版印刷技術が向上したことで一度に何枚も刷られるようになり、広く普及していきます。

黒一色からフルカラーに進化

読み物の挿し絵から独立し、一枚刷りになった浮世絵ですが、このころは黒一色でした。やがて、人々はより豊かな色彩を求めるようになり、色をつける技法がいくつか生まれます。

ただし、どれも紙に直接色をつける方法であり、量産はかないませんでした。

その後、美人風俗画で一世を風靡した鈴木春信らによって多色刷りの印刷技術が考案され、明和2（1765）年、極彩色の浮世絵が誕生しました。多色刷りの浮世絵は、多数の色糸を用いて織った錦のように華やかで美しいということから「錦絵」と呼ばれます。

多色刷りを可能にしたのは、「見当《けんとう》」の発明です。見当とは、色を正確に刷り重ねるために、版木に刻んだ紙の位置を示す目印です。その形から「トンボ」とも呼ばれ、現代でも出版業界や印刷業界ではなじみ深い言葉です。

◉浮世絵の制作風景

江戸時代の浮世絵制作の様子が描かれている。当時、分業で制作されていたことがわかる。

一色ずつ紙を刷っていく多色刷りの場合は、使う色の数だけ版木が必要です。版木ごとに紙を正確な位置に置かないことには、どうしても刷りあがった色がずれてしまいます。見当に紙を当てることによって、版木を変えても色がずれることなく、最後まできれいに刷ることができるようになりました。

多色刷りの浮世絵は、今でいう出版社にあたる「版元」、版下絵を描く「絵師」、木版を彫る「彫師」、その版木を刷る「摺師」といった、複数の人によるさまざまな工程を経て完成にいたります。

江戸時代後期の多色刷りの浮世絵は、大判（縦39センチ×横26・5センチ）1枚が20文程度で売られていました。1文は、現代の約20円に当たることから、大判の浮世絵は1枚約４００円になります。ちなみに当時、「二八蕎麦」が16文（約３２０円）でした。

かけ蕎麦1杯が約３２０円であれば、現代の値段とあまり変わりません。世界的に評価が高く、芸術品としての価値も高い浮世絵ですが、江戸時代は庶民がごくごく普通に手に入れることができました。

旅行ブームで大ヒットした風景画

社会が安定して暮らしに余裕ができると、人は旅に出たくなるようです。江戸時代後期はまさにそんなブームが起こりで、多くの人が旅に出ています。旅に出ると、スマートフォンで撮影したり、絵はがきを送ったりと、目の前の景色を誰かに見せたくなるのが人間心理というもの。この時代にツールとなったのは浮世絵でした。

ちょうどこのころヒットしたのが葛飾北斎の「冨嶽三十六景」シリーズです。とくに『神奈川沖浪裏』は海外でもよく知られ、「グレート・ウェーヴ」と呼ばれています。ゴッホは、弟へあてた手紙にこの作品のすばらしさを興奮気味に書き記していま す。作曲家ドビュッシーは、『神奈川沖浪裏』から着想し、最高傑作といわれる交響曲『海』を作曲したそうです。

『神奈川沖浪裏』は、生き生きとした躍動感のある圧巻の構図をもつ作品です。力強く立ち上がって迫る大波と、今にも飲み込まれそうな小舟を前景とし、端正な姿でたたずむ富士山が描かれています。**北斎は、この静と動、遠と近の対比によって、雄**

大な景色を表現しました。

しかも真横からの視点で描かれており、波が押し寄せてくるその瞬間をとらえています。透明感のあるベロ藍を基調とした紺・青・水色・白の4色を使い、波の陰影をきわめて写実的に再現しました。まさに、日本の生んだ芸術・浮世絵の真髄がつまっています。

「富嶽三十六景」は36図出版され、人気が高かったこともあり、さらに10図が追加されました。もちろん、46図すべてにそれぞれ異なる富士山が描かれています。

このシリーズによって北斎は、それまで美人画や役者絵が中心だった浮世絵の世界に「風景画」という新たな分野を確立しま

◉『神奈川沖浪裏』

葛飾北斎の代表作として知られる。現在の本牧沖から富士山を眺めた構図となっている。

した。その後、歌川広重が「東海道五十三次」シリーズを発表したところ、こちらも大きな評判を呼び、浮世絵としては空前の売れ行きを記録しています。広重はさらに、『行書東海道』や『隷書東海道』と呼ばれる東海道五十三次を主題としたシリーズをいくつも出版するなど、多くのすぐれた風景画を世に送り出します。

錦絵新聞のブームと新版画の登場

明治時代になると、浮世絵にジャーナリズム的要素が加わりました。初の錦絵新聞『東京日日新聞』は、明治5（1872）年に発行されました。錦絵新聞とは、記事とともに、事件の一場面を描いた浮世絵からなる新聞で、殺人事件や刃傷沙汰、不倫などといったスキャンダラスな記事を数多く取り上げました。『東京日日新聞』は発売と同時に大評判となり、錦絵新聞は大ブームを巻き起こします。

しかし、明治12〜13（1879〜80）年ころを境に衰退していきます。新聞そのものが本格的に流通するようになったことで、速報性などから錦絵新聞がその存在理由を失ったことや、庶民の錦絵離れなどが原因ではないかといわれています。

その後、大正から昭和初期にかけて川瀬巴水《はすい》らによる「新版画」が登場しました。これは、江戸時代の浮世絵版画と同様の技法によって制作された浮世絵です。伝統的な木版画の技術を復興するとともに、川瀬らは新たな芸術を生み出そうと、多くの新版画を制作しました。

欧米で1930年代に新聞や雑誌で盛んに取り上げられた新版画は「現代日本美術」の代表格となりました。

現代では、下絵から彫りや刷りまでひとりで手がける絵師や、木版だけでなくリトグラフやシルクスクリーンを用いる絵師が活躍しています。浮世絵は伝統に留まることなく、さらなる進化を続けています。

◉川瀬巴水の新版画

大正から昭和にかけて活躍した川瀬巴水の作品。九州・島原の九十九島が描かれている。

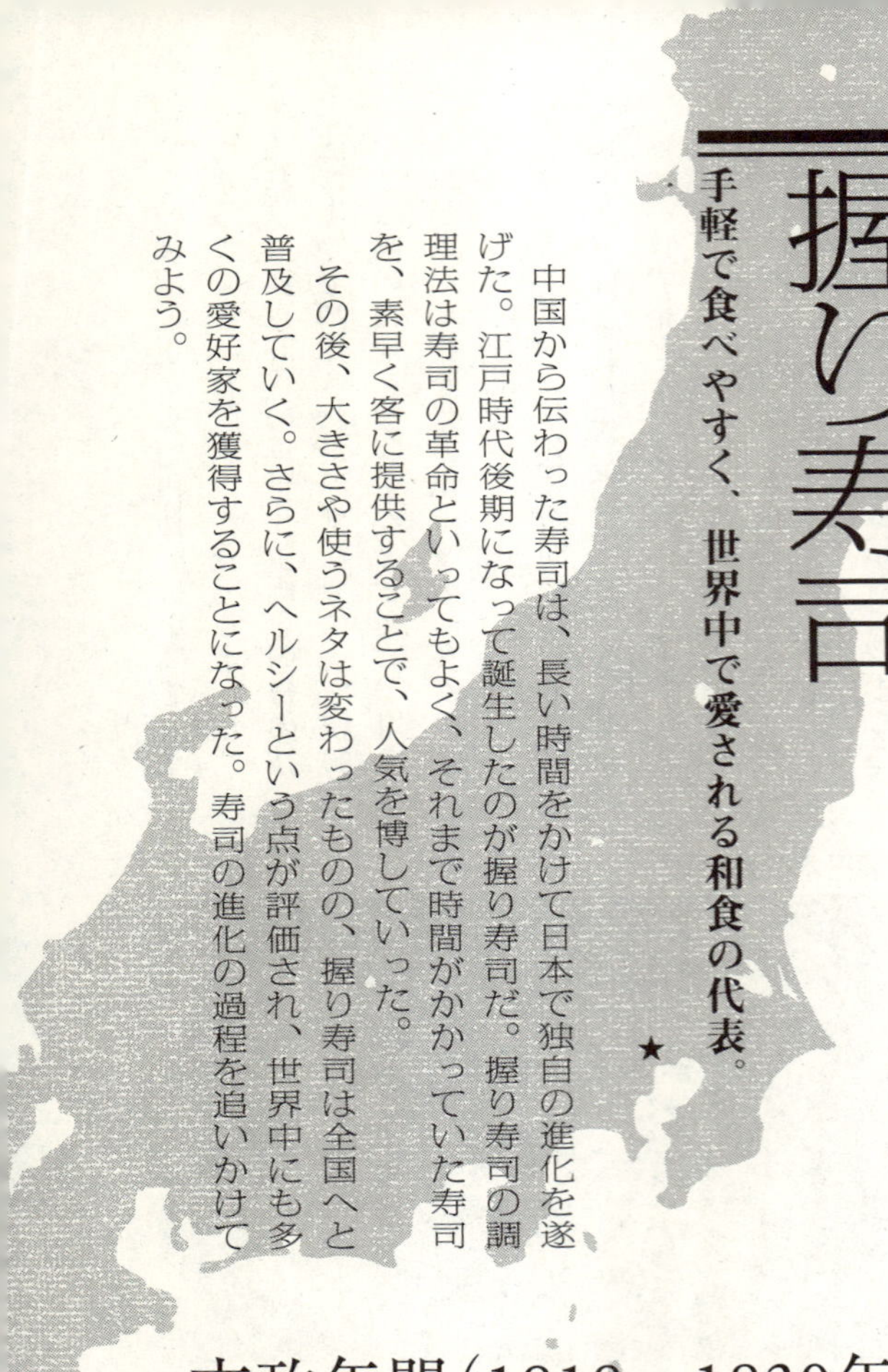

握り寿司

手軽で食べやすく、世界中で愛される和食の代表。

中国から伝わった寿司は、長い時間をかけて日本で独自の進化を遂げた。江戸時代後期になって誕生したのが握り寿司だ。握り寿司の調理法は寿司の革命といってもよく、それまで時間がかかっていた寿司を、素早く客に提供することで、人気を博していった。

その後、大きさや使うネタは変わったものの、握り寿司は全国へと普及していく。さらに、ヘルシーという点が評価され、世界中にも多くの愛好家を獲得することになった。寿司の進化の過程を追いかけてみよう。

文政年間（1818～1830年）

「寿司」は当て字

イカみみ、ゴーヤ巻きオムレツ風……回転寿司店に行くたびに、新しいネタが登場しています。近年はシャリの代わりに大根を使ったヘルシーな握り寿司が登場すると賛否両論、さまざまな反響が寄せられ、話題になりました。

江戸時代中期に編まれた『日本釈名』や『東雅《とうが》』によれば「すし」はもともと、「酸っぱい」という意味の形容詞である「酸し」から変化した言葉。「鮨」と「鮓」は、2000年以上も前から使われている漢字です。鮨は、魚が旨いという意味で、鮓は、薄くはぐことを意味する「乍」が使われており、魚を薄くはぐという意味があります。

「寿司」という漢字は、江戸時代に作られた当て字です。「寿を司る」と書くように、縁起が良く、お祝いの席で食べるものという意味になります。

ネタに魚を使わない「すし」に、鮨や鮓を使うことにはいささか違和感を抱くかもしれませんが、「寿司」であれば、ネタの種類を問わずに使っても気になりません。

今や、あらゆるものがネタとなる時代であり、現代では寿司がもっとも一般的に使われています。

発祥は川魚の保存

「すし」のはじまりは、紀元前4世紀ごろ、東南アジアの山中に住んでいた民族が川魚を保存するために、魚の中に炊いた穀物を入れて自然発酵させたものだといわれています。

穀物は時間が経つと糖化して乳酸発酵し、独特の酸味が生じます。その間に魚の動物性たんぱく質は自己分解してうまみとなり、乳酸がしみ込んで保存性が高まって、おいしく食べられるようになります。つまり、動物性たんぱく質の貯蔵法のひとつでした。ただし、この民族は穀物を食べませんでした。

日本へは、稲作の伝来とともに、縄文時代の終わりに大陸から伝わったと考えられています。

千年以上の歴史を持ち、**日本の寿司の原型とされているのが、滋賀県の伝統食「鮒《ふな》ずし」**です。中国由来のすしを日本では「なれずし」と呼んでおり、鮒ずしはなれず

◉鮒ずし

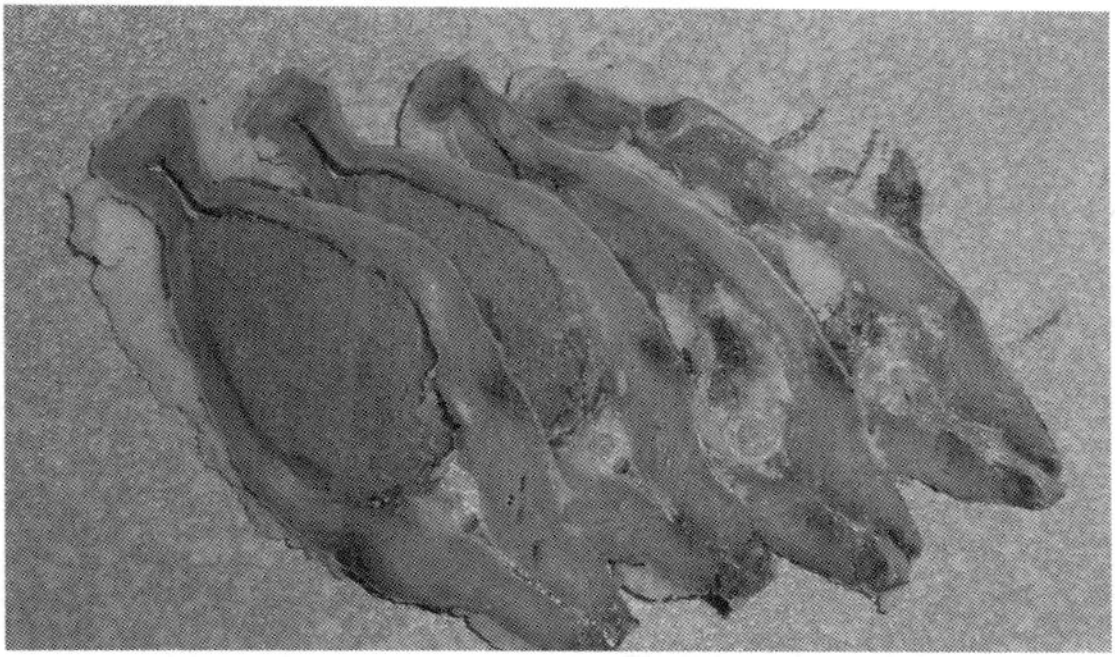

滋賀県の郷土料理で、琵琶湖でとれるニゴロブナを使って作られる。独特の香りで有名な「なれずし」の一種。

しに近いものと考えられています。

古代においてなれずしは、朝廷への貢ぎ物でした。日本の歴史上初めて「鮨・鮓」という文字が登場したのは、養老2（718）年に制定された「養老律令」です。租税を定めた中に、「アワビスシ、イガイスシ、ザツノスシ」と記されています。当時のすしは朝廷に納める税とされていました。

それ以前は、いつからどのように鮨や鮓が日本で広がったのかはわかっていません。さらに、この鮨や鮓が具体的にどんな食べ物だったのかも不明ですが、おそらくはなれずしだったのではないかと考えられています。

平安時代に入ると、西日本や東海の各地からもアユ、フナ、サケ、アワビ、イガイなどで作られたなれずしを、税として納めるように命じています。

都に集められたすしは貴族たちの間で分配され、庶民の口には入りませんでした。

室町時代になると、なれずしのように長期間漬け込むのではなく、飯に酸味が出るか出ないうちに食べる「生なれずし」が登場しました。生なれずしは、魚などはまだ生々しいものの、シャリ（米）も食べられます。

飯そのものも楽しまれるようになると、漬け込む材料も魚貝以外に、野菜や山菜など、さまざまなものが使われるようになってきました。つまり、魚以外のネタのバリエーションはこのころからあったのです。

戦国時代の公家で、重要史料として知られる『言継卿記《ときつぐきょうき》』を書き残した山科《やましな》言継は、天文23（1554）年11月27日の条に、以下のように記しています。「禁裏へ栗一蓋、土長鮓一折被進上」。これは、朝廷に栗を一蓋と、ドジョウのすし一折を贈ったという内容です。戦国末期の朝廷では、ドジョウのすしを食していたことを示す記述として注目に値します。

握り寿司が食べられたのは江戸だけ

江戸時代に入って、米酢が普及するようになると、手っ取り早く酢を振りかけて酸味を作り出せるようになりました。これが「早ずし」です。

早いとはいっても、重しをして味をなじませるのには数時間、あるいは一夜は必要でした。それも待てない、もっと早く食べたいという願いに応えて登場したのが「握り寿司」です。

握り寿司とは、寿司飯にネタを乗せて軽く握った物を指します。起源は諸説ありますが、もっともよく知られているのは、江戸時代後期の文政年間（１８１８～１８３０年）に、江戸・両国の「華屋」初代の小泉與兵衛《こいずみよへえ》が考案したという説です。**與兵衛は、それまで寿司の主流だった押し寿司を握り寿司として、素早く、食べやすくして客に提供した**のです。忙しく、せっかちな江戸っ子に大当たりしたというわけです。

文政年間の寿司屋は、アメリカの映画によく出てくるホットドッグスタンドのような屋台でした。

客は、食事の合間のちょっとした小腹を満たすために、握り寿司を2、3貫頬張るという、現在のファストフードをイメージすればわかりやすいでしょう。

興兵衛が考案したといわれる握り寿司は今よりもずっと大きく、ひと口半かふた口で食べるのがやっとという大きさだったこともあって、1貫ずつ提供されていました。その後、食べやすいように2つか3つに切って提供されました。握り寿司が2貫ずつ提供されるのが一般的になったのは、飯の量が減って寿司が小さくなった第二次世界大戦後からといわれています。

握り寿司が誕生したころのネタは、エビのおぼろ（すりつぶしたもの）だと伝わっていますが、江戸時代のネタは3種類に分けられます。もっとも多く使われたのは煮物で、イカ、エビ、アナゴ、ハマグリなどが代表です。次は光り物として知られるコハダ、アジなどを酢に漬けたネタです。三番目が魚介類の刺身でした。

現代の握り寿司の中でも高い人気を誇るネタであるマグロは、かつては、まったく人気がありませんでした。江戸で寿司ネタとしてマグロが登場するのは、天保年間（1830〜1844年）とされています。

◉江戸時代の寿司店の屋台

テイクアウト形式で、客は持ち帰って食べるか、購入したあとすぐ食べていた。

このころマグロが獲れすぎて非常に安くなったこともあって、寿司ネタとして使ってみたところ、意外に人気が出たといわれています。

ただし、天保年間から明治時代の半ばまでは、醤油に漬ける〝ヅケ〟として握られる、脂肪の少ない赤身が好まれました。

脂肪の多い部分が好まれるようになるのは関東大震災以後のことで、トロに人気が出るのはようやく昭和初期からのことなのです。

進化を続ける日本食の代表

大正12（1923）年、マグニチュード7・9を記録した関東地震で東京が壊滅的な打撃を受けたこともあって、東京で働いていた寿司職人の多くが故郷に帰り、握り寿司が全国に広まるきっかけになったといわれています。

握り寿司が寿司の主流となったのは、第二次世界大戦が終わってからのことです。終戦後の統制時代に、わずかな配給米を寿司と交換する制度が敷かれたことがきっかけです。内訳は、握り寿司5貫と巻き寿司が5切れで一人前でした。これによって、地方の都市部の人々は少しずつ握り寿司に慣れていき、握り寿司が全国に広がっていきました。

しかし、地方で握り寿司が食べられるようになるのは、昭和30年代以降まで待たなければなりませんでした。冷凍技術が向上し、交通網も発達したことで、新鮮な魚介類が流通可能となったからです。

こうして、全国どこででも握り寿司を食べられるようになったのです。

立ち食いの屋台からはじまった寿司店は、明治時代になると店の中で座って食べられる「内店」が増えていきました。ファストフードとしての寿司と、高級なネタを扱う店とが次第に分かれていったのです。

寿司のこぼれ話

神様に供えるドジョウすし

滋賀県の三輪神社には、古来、氏子たちによってドジョウの寿司が供えられています。

言い伝えによれば、三輪神社の神の使いは白蛇であり、かつて例祭に人身御供を要求したことがあったとのことです。

氏子たちは、人身御供の代わりに、「生きたドジョウ」を7カ月以上漬け込んだドジョウすしを捧げることになったのです。いつからはじまったのかは定かではないようですが、1000年以上もドジョウすしが神様に供えられています。

ドジョウすしは、かつては日本各地で作られていたようですが、現在も作り続けているのは、このお供え用だけとなっています。

やがて屋台の寿司店は姿を消していきました。

昭和時代は高級なイメージを保っていた寿司ですが、**誰もがごく気軽に食べられるようになったのは、持ち帰り寿司店や回転寿司店の誕生がきっかけ**といって良いでしょう。

世界初の回転寿司は、昭和33（1958）年、布施市（現・東大阪市）にオープンした元禄産業の「廻る元禄寿司1号店」です。元禄産業の創設者・白石義明はビール工場で使われているベルトコンベアにヒントを得て「旋回式食事台」を開発しました。その後、昭和45（1970）年に日本で開催された万国博覧会に出店したことで全国から注目を集め、低価格と料金の明示を武器に定着していきます。昭和50年代からは、大手チェーンが参入し都市部を中心に出店していきました。

世界に広がる握り寿司

寿司は、今では世界各地で食べられています。日本人の健康寿命が75歳ということが世界的に注目されており、和食を代表する寿司はヘルシーな食べものとしてもてはやされ

◉コシヒカリ（左）とカリフォルニア米

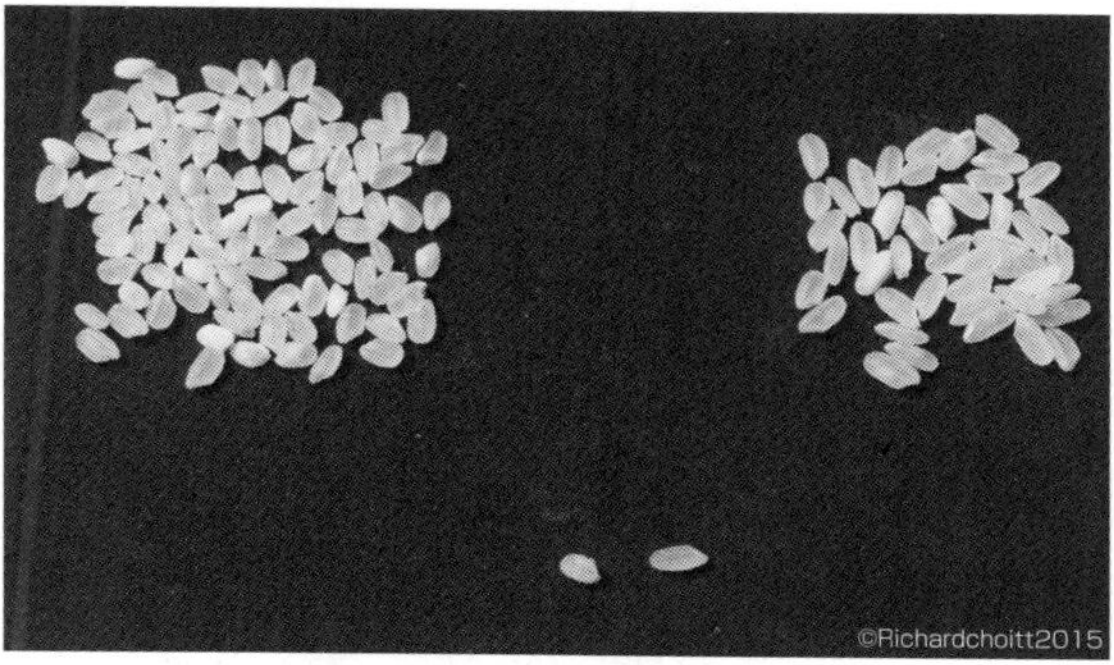

コシヒカリをはじめとする日本の米は「短粒種」、カリフォルニア米はやや細長い「中粒種」。

やされています。

海外での最初の寿司ブームは、アメリカだったようです。安価なカリフォルニア米があったからでしょう。

日本からの移民の努力もあって、昭和37（1962）年に「国宝ローズ」という、寿司にも使うことができるカリフォルニア米が誕生しました。

その後、アメリカでは、「あきたこまち」や「コシヒカリ」の栽培も行われており、イタリアやスペインでは「あきたこまち」が、栽培されています。

日本だけでなく、世界で本格的な握り寿司が食べられるようになっています。

江戸時代末期

ソメイヨシノ

歴史は浅いが、日本の桜の約8割を占める人気の品種。

日本を代表する桜・ソメイヨシノは、植木屋が売り出してから約１６０年という、まだ新しい品種だ。つまり、平安時代の貴族や豊臣秀吉、江戸時代の庶民が花見で楽しんだのは、ソメイヨシノ以外の桜だったということになる。

なぜ、ソメイヨシノはこれほどまで普及し、伝統的な植物として認知されるにいたったのか。桜の名所はどのようにして生まれたのか。そして、戦争のイメージがつきまとうのはなぜか。

謎の多い「クローン植物」の正体に迫る。

『万葉集』に登場する桜

桜という言葉が初めて登場する文献は、奈良時代に編纂された『万葉集』です。ただし、奈良時代に花見といえば梅であり、桜は信仰の対象だったようです。

桜の名前の由来にはいくつかの説がありますので、一部をご紹介します。桜の「さ」は「サ神様」（おもに田の神様）を表し、「くら」は、神様の居場所「御座」を表すというものです。田の神様が桜の花びらに宿り、田に下りてきて稲作を守護すると考えられていました。当時は、桜の花が咲くころが田植えの時期だったことから、満開の桜の下で豊作を願ったのだといわれています。

平安時代になって遣唐使が廃止されると、人々は日本古来の文化に注目するようになります。その影響もあったのか、中国から伝来した梅よりも日本に自生していた桜の美しさに心ひかれるようになっていきます。

『万葉集』では桜を詠んだ歌が40首で、梅を詠んだ歌が１００首程度だったのに対し、平安時代に成立した『古今和歌集』になると、その数が逆転しています。

また、「花」といえば桜を指すようになるのも、平安時代からといわれています。鎌倉時代には貴族たちの楽しみであった花見が庶民にも知られるようになり、安土桃山時代には、豊臣秀吉が有名な「醍醐の花見」を行いました。

庶民が本格的に花見を楽しむようになったのは、江戸時代です。8代将軍・徳川吉宗は、飛鳥山や隅田川の土手などに桜を植え、庶民に開放したとされています。こうして、春は桜の花を楽しむという風習が認知されていきました。

日本の桜の約8割はソメイヨシノ

現在、全国に植えられている桜の約8割がソメイヨシノだといわれています。江戸時代の終わりから明治時代にかけて、東京・染井村（現在の駒込駅あたり）の植木屋が売り出した品種でした。染井村には、大名屋敷の庭園管理を担当する植木職人が集まっていました。

しかし、平安時代の貴族や江戸時代の庶民が花見を楽しんだ桜ではありません。

ソメイヨシノは、オオシマザクラとエドヒガンの園芸種との交配種といわれていま

◉江戸時代の桜

葛飾北斎の『冨嶽三十六景』にも、桜と花見をする人が描かれている。場所は品川にあった御殿山。

す。大輪で花つきの良さをオオシマザクラから、葉が出る前にピンクの花が咲きそろう特徴をエドヒガンから受け継いでいました。当初は、「ヨシノザクラ」と名づけられ、人気を博したのです。

本当の吉野の桜は、ヤマザクラです。見た目はソメイヨシノとよく似ていますが、開花と同時に葉が出るのが特徴。また、ヤマザクラは開花時期に個体差があるため、長期間にわたって花見が楽しめます。

ソメイヨシノという名は、明治33（1900）年発行の『日本園藝會雑誌』第92号で、東京帝室博物館の職員だった藤野寄命《よりなが》が発表したことにはじまります。

藤野は上野公園の桜を調査した際、吉野

のヤマザクラとはまったく異なる桜を目にして、紛らわしいからと、発祥の地である「染井」と旧名の「吉野」を残して「ソメイヨシノ」としたとのことです。

接ぎ木によって増えた「クローン植物」

ソメイヨシノは、人工的に作られた植物です。「人工的」というのは、接ぎ木によって増やされたという意味です。親木から枝を取り、別の木につないで増やされてきました。江戸時代には接ぎ木の技術がすでにあり、一部の品種が増えていました。この技術で、**植木屋が意図的にソメイヨシノを増やしていった**と見られています。

ソメイヨシノがいわゆるクローン植物であることは、平成7（1995）年に、DNA研究によって検証されました。なんと、ソメイヨシノの木がない沖縄県をのぞく都道府県の個体が、いずれも同一クローンであることがわかりました。

春になると桜の開花予想日が発表されます。この桜はもちろんソメイヨシノのことで、大正14（1925）年から観測データが公表されています。このころすでに、桜といえばソメイヨシノというイメージが定着していました。

また、ソメイヨシノはクローンだからこそ、気象環境が同じエリアでは同じように一斉に咲き、一斉に散っていきます。こうした気象予報の発展にもソメイヨシノは一役買いました。

木戸孝允が植えた靖国の桜

ソメイヨシノは、手入れが簡単で育てやすいという特徴があります。また、成長が大変早く、20年程度で横の広がりが20メートルを超えることもあって、桜の名所を割に早く作ることができました。

若木のうちから花がつくうえ、新芽が出る前に淡いピンクの大輪の花が密集して木を埋め尽くすかのように咲き見た目が非常に華やかであることから、花見に適した種類です。

こうした数多くの長所があることから、ソメイヨシノは、誕生直後から彰義隊の戦いで由緒ある寛永寺の諸堂が焼け落ちた上野の山や、旧幕府軍との戦いで戦死した新政府軍の兵士を祀るために新たに建立された東京招魂社（後の靖国神社）などをはじめとして、東京とその近郊に多数植えられました。

東京招魂社には、明治3（1870）年、明治維新の立役者のひとりである木戸孝允によって、数十本のソメイヨシノが植えられました。古来、日本人が愛してきた桜こそが英霊たちを偲ぶ花としてふさわしいとされたからです。現在、靖国神社の境内には約600本のソメイヨシノが植えられており、日本有数の花見の名所として知られています。

明治維新によって幕藩体制が終わり、東京を中心とする中央集権国家が整備されていきます。東京を中心に近代化していく市街地や道路には、ソメイヨシノが植えられていきました。その意味では、明治維新の象徴といえるかもしれません。現在、東京都の「花」ソメイヨシノは、昭和59（1984）年に制定されました。

日清・日露でついてしまった戦争のイメージ

東京をはじめ東日本でソメイヨシノが広まる一方で、西日本ではやや遅れて普及しました。ひとつは物流の発達に時間がかかったこと、もうひとつの理由は東京への対

◉千鳥ヶ淵の桜

ソメイヨシノやオオシマザクラなど250本以上が並び、花見の時期には100万人もの人が訪れるという。

抗意識とされています。東京が首都機能を着々と備えていくことに西日本で反発があったことは想像に難くなく、京都御所の周辺では、現在もソメイヨシノはあまり見られません。

ところが、ある歴史的できごとをきっかけに、ソメイヨシノが全国的に広がりました。日清・日露戦争です。

出征地や戦没者の忠魂碑の周囲に記念公園が続々とつくられ、そこにソメイヨシノが植えられました。じつは、育てやすく成長が早いことから選ばれたのですが、結果的にソメイヨシノ（＝桜）に戦争のイメージがついてしまったのです。

大正時代の終わりころになると、現在の

桜の名所と呼ばれる場所に景観整備の目的でソメイヨシノが大々的に植えられました。とくに城跡は軍の駐屯地として活用されていたことから、やはり戦争と関わりの深いものとの印象を強めていきました。

また、第二次世界大戦後の復興期から高度成長期にかけて造成された公園や道路、学校などの公共施設には、必ずといってよいほどソメイヨシノが植えられています。

これが、ソメイヨシノが全国に広がっていった経緯です。

ソメイヨシノの原木はどこにある？

全国的にソメイヨシノが広まっていく中で、そもそもこの桜はいったいどこから来たのか？ という議論が植物学者の間でたびたび起こっています。

結論からいえば、先に紹介したようにエドヒガンとオオシマザクラの雑種であるという説が有力ですが、起源については確定的なことはわかっていません。戦前には韓国の済州島を起源とする説がありましたが、済州島の桜は日本のソメイヨシノとは別モノとされました。

原木、つまり起源は定かではありませんが、古い木は残っていません。最も古いのは東京・小石川植物園にあるソメイヨシノで、安永4（1775）年に植えられたとされています。

古いと言えば古いですが、庶民のために桜を植えた将軍・吉宗は、その20年以上前に亡くなっています。

桜そのものは古くから存在したものの、その中でもとくに新しいソメイヨシノ――接ぎ木から増殖し、利便性から良くも悪くも時代の流れに乗って全国に広まった品種――が象徴的存在になるというのは、ある意味で日本らしい歴史の経緯と言えるのではないでしょうか。

ソメイヨシノのこぼれ話

ソメイヨシノの開花期間は短くない!?

「花の命は短い」とよく言われます。ソメイヨシノも、はかなく散る様子から一般的には開花している時間が短いと思われがちです。

ところが、これは間違い。同じ桜でもヤマザクラのほうが開花している期間は短いことがわかっています。

本文でも少し触れましたが、ヤマザクラは開花の時期に個体差があります。ヤマザクラの花が咲いている期間は、ソメイヨシノよりも短いのですが、複数本あれば一帯で「どれかが咲いている状態」が続くために、長く感じるというわけです。

しかも1本の木で見れば、ヤマザクラはソメイヨシノと比べても「より一斉に」咲きます。

俳句

五・七・五の17音で人生や風景を表現する世界一短い詩。

自然豊かで四季の変化がある日本において詠まれ、人々の心を動かしてきた俳句。句を詠むだけという手軽さもあって世界中にファンがいる。

17音という短い字数の中には、人生の機微や雄大な自然が凝縮され、余韻を感じさせる美しい表現などがその魅力だ。

意外なことに俳句の歴史は、まだまだ浅い。教科書に登場する松尾芭蕉や与謝蕪村が詠んだものは俳句とは異なるものだった。では、俳句はいつ、誰が生み出したのだろうか。

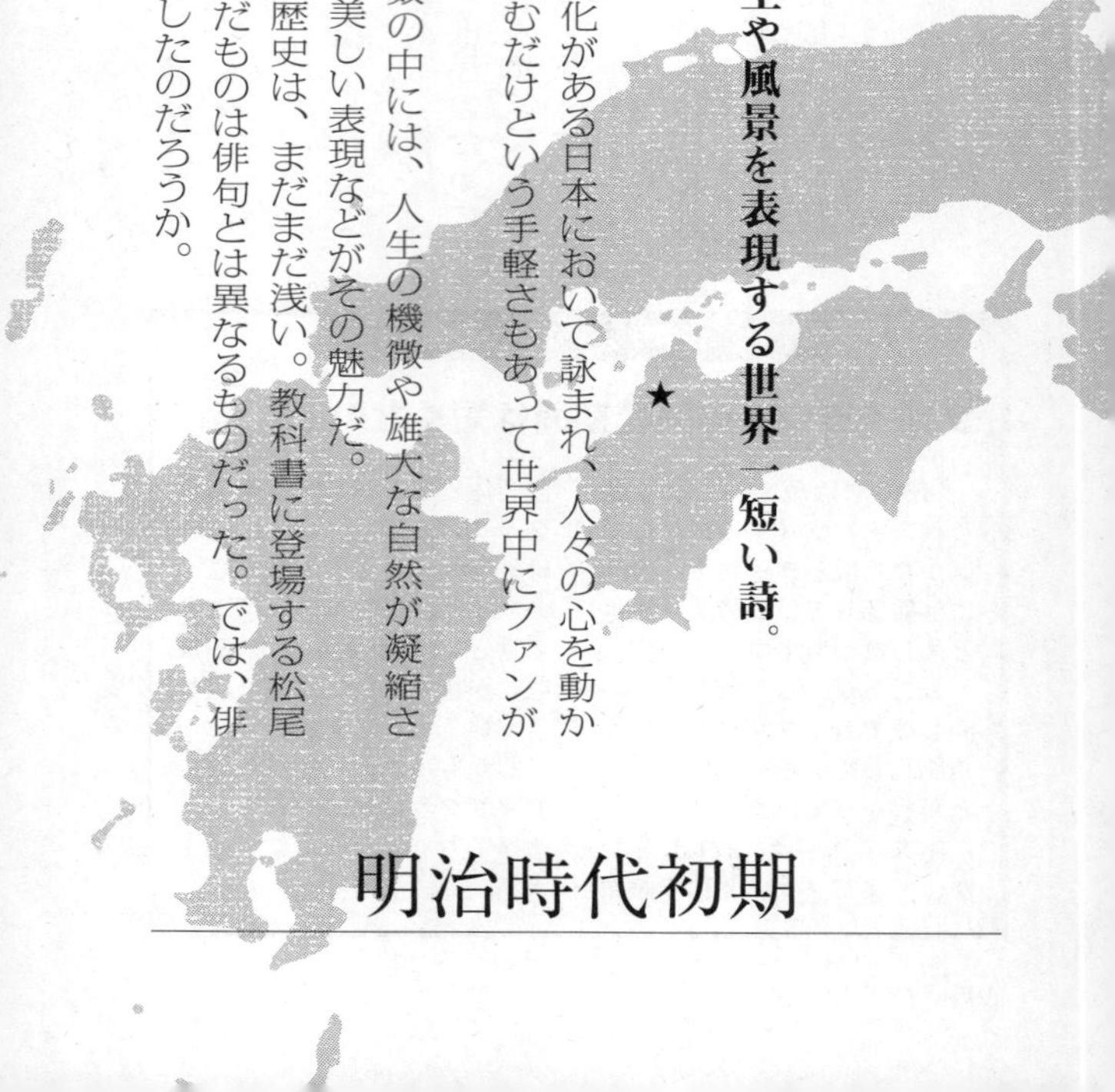

明治時代初期

芭蕉の作品は「俳句」ではなく「発句」

古今、並ぶ者などいないとされる「俳聖」松尾芭蕉。しかし、芭蕉の作品が俳句ではないといわれたら、疑問を浮かべることでしょう。

古池や　蛙飛びこむ　水の音　　松尾芭蕉

右のように「五・七・五」の17音からなり、その多くが季語を入れる短い詩を俳句というようになったのは、じつは明治時代になってからのことなのです。

「俳諧の句」を短くした「俳句」という言葉は、江戸時代の俳諧集『尾蠅集《おばんしゅう》』や上田秋成《あきなり》の『胆大小心録《かんだいしょうしんろく》』などで使われていました。しかし、俳句は当時は一般的ではなく、正岡子規が俳句革新を行う過程で使われるようになった言葉なのです。

子規以前、同様の形式の短い詩は、「発句《ほっく》」と呼ばれていました。

発端の五・七・五が俳句のもと

15世紀、「連歌」と呼ばれる詩が隆盛を迎えていました。連歌は、五・七・五の17音と、七・七の14音を詠み人が交互に加えていき、100行ほどの詩を完成させるという詩です。故事を引用しながら作るという、格調高く、アカデミックな作品でもありました。

連歌の最初の17音を発句といい、その次の14音を脇句、その次の句を第三、最後の句を挙句、その他の句を平句と呼びます。「発端の句」であるところから名づけられた発句は、達人や高貴な人などが詠み、その時節の景物を詠み込むものとされていました。句の形としても内容からしても発句は独立しています。脇句以下は、前の句と合わせて初めてひとつの句を構成します。

16世紀に入ると、連歌に代わって、ユーモアを特徴とする「俳諧」が流行しました。俳諧は連歌同様、17音と14音の組み合わせによって展開しますが、語呂合わせを多用するほか、卑俗、かつ当世風の笑いが取り入れられました。さらに、連歌では用いなかった生活臭のするテーマを好んで題材としていました。

やがて俳諧は、連歌のように五・七・五と七・七をくり返すのではなく、発句だけになりました。これが、俳句の起こりとされています。

俳諧を芸術に押し上げた松尾芭蕉

松尾芭蕉は、寛永21（1644）年に伊賀国で生まれ、伊勢津藩に仕えて俳諧をたしなむようになり、30歳で江戸に出て才能が認められました。その後諸国を旅し、『野ざらし紀行』や『おくのほそ道』などのすぐれた紀行俳文を残しています。

芭蕉の初期の作品は、当時流行していた語呂合わせや冗談が多用されていますが、残した作品の大半が演劇的で、諧謔や憂鬱、恍惚や混迷などを誇張し、表現しています。

荒海や 佐渡によこたふ 天の河　　　松尾芭蕉

芭蕉の作品には人間の行為が登場しますが、自然と対比されることで人間の存在の

◉芭蕉が歩いた「おくのほそ道」

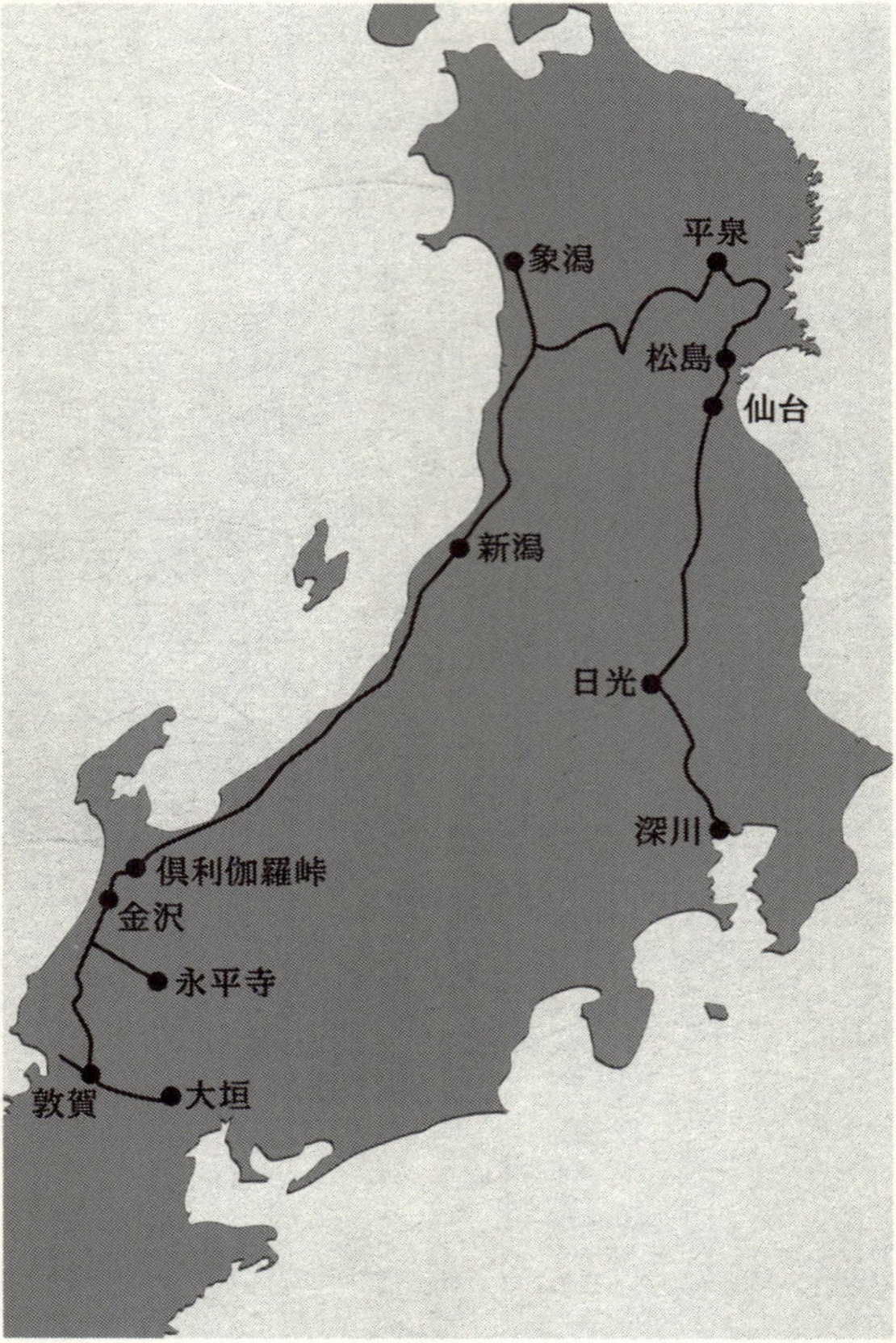

元禄2(1689)年3月に江戸・深川を出発し、5月に仙台に到着、松島や平泉を歩いた。その年の8月に大垣に到着している。

小ささを浮き彫りにします。さらに、自然の雄大さを読みとらせるという性格をもっています。

夏草や　兵どもが　夢の跡　　　松尾芭蕉

右の句のように**芭蕉は言葉遊びを主眼とする俳諧ではなく、風雅の精神を取り入れました。**俳諧を芸術として昇華させることに成功したのです。

近代俳句に大きな影響を与えた与謝蕪村

18世紀には連歌形式の俳諧は下火になったことから、俳人は発句作りに力を注ぐようになりました。俳人であり、すぐれた画家でもあった与謝蕪村は、言語によって鮮やかな景色を表現することに成功しました。

蕪村の言葉選びは、他の追随を許さないほど洗練されています。穏やかな景色をわずかに登場させるだけで、その背後に広がる永遠の時間を感じさせるのです。

菜の花や　月は東に　日は西に　　与謝蕪村

蕪村の作品は景色をリアルに描写するのではなく、理想化された景色を表現しているかのようです。自身の内面にある理想の景色を描き出そうとしているのかもしれません。

こうした蕪村の作品は、人々を魅了し、近代俳句に大きな影響を与えます。

正岡子規の新しい手法

江戸時代末期から明治の初年にかけて、俳諧などの文芸は人気のあるジャンルではありませんでした。武士を中心とした知識層には漢学が全盛期を迎える一方、庶民には小説の人気が高かったのです。

その後、明治維新をきっかけとして西洋の文学が流入し、人々は、西洋の小説や詩に飛びつきます。こうした時代背景から、俳諧は時代遅れなものと思われました。

そこに登場するのが、「俳句」という言葉を世に広めた正岡子規です。子規は従来の手法の延長では俳諧にふたたび光を当てることはできないため、新たな要素が必要だと考えました。西洋の哲学に接した子規は、物事を簡潔に描写することこそが大きな効果を得られると確信します。そして技巧を排し、自然をあるがままに表現すべきと結論づけました。つまり、写実です。

柿くへば　鐘がなるなり　法隆寺　　正岡子規

◉子規の俳句

松山城から城下を眺めたときに詠んだとされる。

子規はありのままのことをありのままに表現することこそが、誰にでもわかる句であり、それが句に命を吹き込むことになるという立場を貫きました。この手法は俳句から遊びの精神を排除することにもつながりましたが、他方では、俳句にみずみずしい感覚を持ち込み、新しい息吹をもたらしたともいえます。

子規の弟子もこれを踏襲し、近代俳句の大きな流れになっていきます。
また、子規は新聞『日本』の記者であり、紙上で俳句に関する記事を連載しました。その主張は、日本中に大きな反響を巻き起こしました。

季語のない3行の短い詩・英語俳句

俳句は第二次世界大戦後、海外に伝わりました。近年は欧米や南米に留まることなく、中国、インド、ロシアなど、日本とは文化がまったく異なる国々にも浸透して人気を得ています。

俳句が海外に広まったのは、イギリスの文学者レジナルド・ブライスが昭和24（1949）年に『俳句Ｈａｉｋｕ』第1巻を発表し、英語圏に俳句を紹介したことによります。

欧米では、詩などの文学は、一部のエリート階級が独占していました。そこへ俳句のように短く簡単に作ることができる詩が入ってきたことで、誰でも詩の創作が可能になりました。

英語俳句は、五・七・五の定型ではなく一般的には季語を入れますが、厳密なルールではないため、入れなくても問題ありません。

これは、英語と日本語とでは言語がまったく異なることと、多くの国々は日本ほど四季がはっきりしていないこともあって、共通語である季語が使いづらいためです。つまり五・七・五ではなく、季語がなくても俳句なのです。

日本の俳句人口は２００万人から３００万人、海外が70カ国２００万人程度といわれています。海外からも芭蕉や子規のように、すぐれた作品を残す人が出てくるかもしれませんね。

俳句のこぼれ話

17音にとらわれない「自由律俳句」の名作

明治時代の終わりごろ、5・7・5の定型や季語にとらわれない新しい俳句が登場しました。

その先鞭をつけたのは、自由律俳句の同人誌『層雲』を創刊した俳人の荻原井泉水《おぎわらせいせんすい》です。その弟子に尾崎放哉《ほうさい》と種田山頭火《さんとうか》がいます。

2人の句は、まさに「自由」律。自然のリズムに重きを置く作品を残しています。

咳をしても一人
尾崎放哉
まっすぐな道でさみしい
種田山頭火

いずれも、シンプルながら深い余韻を感じさせ、Twitterのつぶやきに通じることから、現代でも人気があります。

乾電池

世界に先駆けて登場し、日清戦争でその性能を証明。★

家電や各種の携帯情報端末、ゲーム機などには、さまざまな形や大きさの乾電池が使用されている。長く石油を燃料としていた自動車も、電気や水素が動力源となる時代が近づきつつあることから、電池の需要はますます大きくなっている。

電池は古代遺跡からも見つかっており、かなり古くから存在する。乾電池を世界に先駆けて発明したのが、在野の日本人研究者だったということは、あまり知られていない。そして乾電池を使った製品で飛躍を遂げたのは、あのメーカーだった。

明治20(1887)年

世界最古の電池は約5ボルト

一般的に、電池はイタリアのボルタが発明したといわれています。しかし、イラクの首都バクダッド郊外のパルティア遺跡から見つかった約2000年前の壷も電池と同じ仕組みをもっていると考えられています。「バクダッド電池」と呼ばれているこの世界最古の電池は、レプリカの作成によって約5ボルトの発電が可能だと実証されましたが、何に使われていたのかはわかっていません。

日本に電池が入ってきたのは、幕末のことでした。持ち込んだのは、あのペリー提督です。

郵政博物館収蔵のエンボッシング・モールス電信機は、嘉永7(1854)年、二度目の来日を果たしたアメリカのペリー提督が、フィルモア大統領から幕府への献上品のひとつとして持参したものです。このときペリーは、電線や電池などの装置一式を持ち込んで通信の実験を行っています。ただし、実験で使われたのは乾電池ではなく、ダニエル電池と呼ばれていました。

平賀源内が使った蓄電器

18世紀末に電池が登場するまで、電気といえば静電気を指していました。

紀元前600年、ギリシャのタレスが琥珀をこすることによってモノを引きつける現象を発見しました。これが最初の発見です。電気は英語で「エレクトリシティ」(electricity) といいますが、ギリシャ語の「琥珀＝エレクトロン」が語源です。

静電気を発生させるのは簡単でした。ガラスや硫黄をこするだけだからです。脇の下などでこすった下敷きを頭に当てて髪を逆立てることは、誰しもやったことがある

◉エレキテル

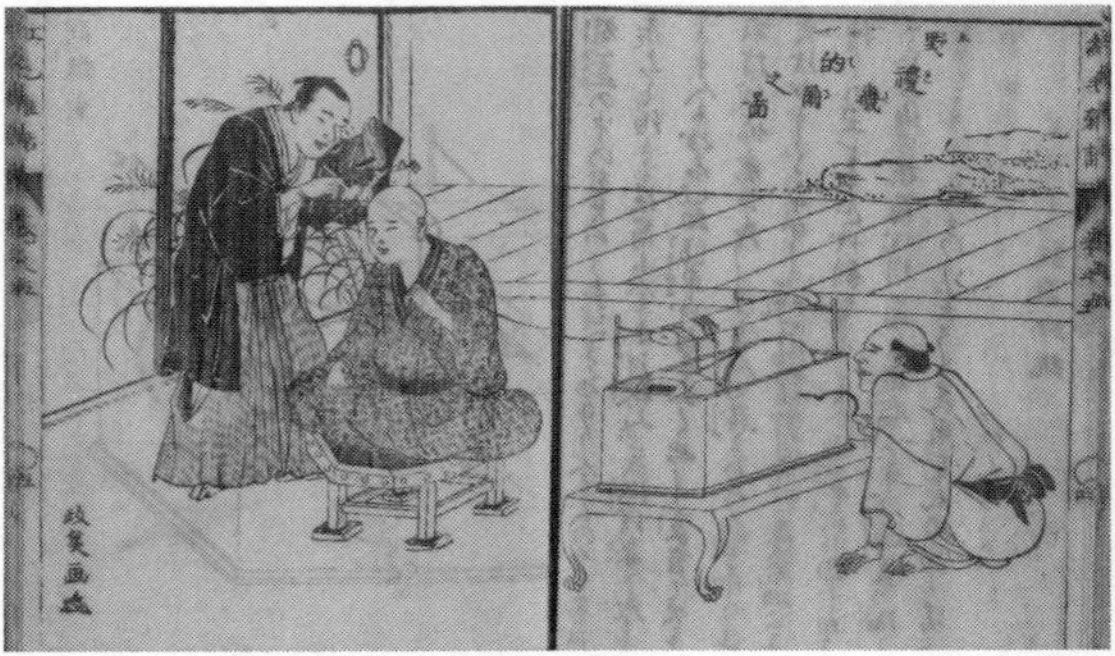

平賀源内は静電気を発生させるエレキテルを、痛みのある人に医療器具として使った。

でしょう。

延享3（1746）年、オランダの科学者・ミュッセンブルークが発生した電気を溜める蓄電器を発明しました。この世界初の蓄電器はオランダのライデン大学で発明されたため、「ライデン瓶」と呼ばれています。ライデン瓶は日本にも伝わり、江戸時代中期に平賀源内がエレキテルを修理したと言われいます。

「ボルタ電池」にはじまる電池の歴史

電池の歴史は、1800年にイタリアのボルタが発明した「ボルタ電池」からはじまったとされています。ボルタ電池は、電解液（希硫酸または食塩水）に銅と亜鉛という2種類の金属板を入れた構造。これではじめて持続する直流電源が得られるようになりました。

このボルタ電池を用いて、多くの電気化学現象が発見されており、歴史上、非常に重要な発明です。電圧の単位「ボルト」はボルタの名前からとられたものです。

慶応2（1866）年、フランス人科学者のルクランシェが乾電池の原型となる「ルクランシェ電池」を発明しました。この電池は、亜鉛と炭素棒を入れた二酸化マンガンを塩化アンモニア溶液で満たした容器に入れた構造です。長時間電流を供給できたことから、電信や電話で使われるようになりました。

ただし、ルクランシェ電池には溶液がこぼれる、冬に使用できないという難点がありました。これらの問題を解決する電池を発明したのが日本人の屋井先蔵《やいさきぞう》です。

「連続電気時計」の発明に成功

屋井は、文久3（1863）年、現在の新潟県長岡市で生まれ、13歳のときに東京の時計店で働きはじめました。しかし仕事がきつく、1年で長岡に戻って、長岡の時計店で働きます。そのころから屋井は、「永久運動機械」の研究をはじめますが、当然ながらなかなか成果は得られませんでした。

22歳で再度上京した屋井は、高等工業学校に入学しようとしますが、たった5分遅刻しただけで入学試験を受けられませんでした。この受験の失敗がひどく悔しかったため、電池で正確に動く「連続電気時計」の開発に取り組むようになったといわれています。

明治18（1885）年、屋井は連続電気時計を発明しました。その時計に使用した輸入電池は、内部から薬品が染み出してくるため、時計の金具が腐食するなどの欠点がありました。

液体状の電解液をガラス容器に封入した液体電池ではなく、「乾いた電池」を作ることはできないものかと考えた屋井は、まだこの世には存在しない発明品を「乾電池」と命名しました。

「乾電池王」特許出願できず

明治20（1887）年、**屋井は炭素棒にパラフィンを染み込ませることによって欠点を克服し、ついに「屋井乾電池」を発明します。**29歳という若さでした。日中は社業をこなし、仕事を終えたあとに電池の開発を続けたため、3年間の一日の平均睡眠時間は3時間程度だったそうです。

明治25（1892）年、アメリカのシカゴで開催された万国博覧会に、東京帝国大学理学部が屋井乾電池を使用した地震計を出品。世界的な注目を浴びました。

しかし、資金がなかった屋井は、乾電池に用いた技術の特許を出願できなかったため、世界初の乾電池の発明者という名誉を得ることはできませんでした。

屋井が特許を取得したのはシカゴ万博の翌年で、このときすでにアメリカから屋井乾電池の模造品が逆輸入されていたといわれています。

◉屋井乾電池

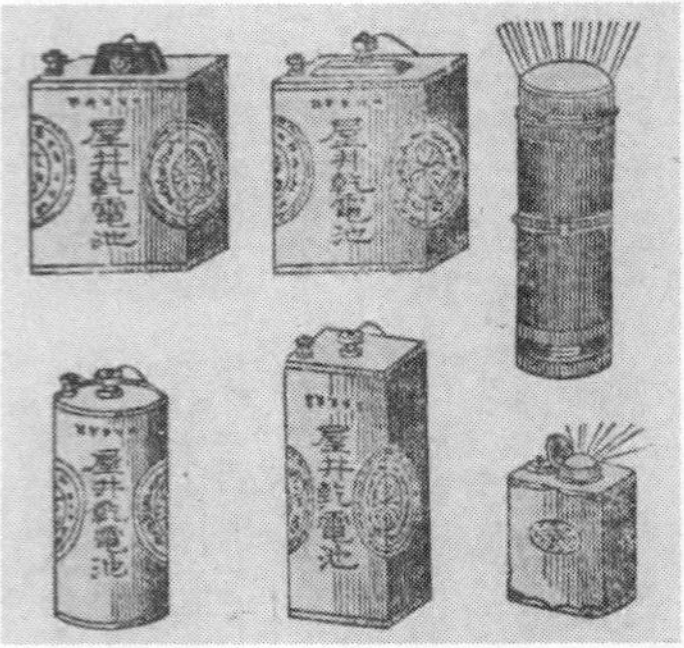

世界初の乾電池として登場し、さまざまなモノに使われた。

明治27（1894）年に日清戦争が勃発。ある日の新聞の号外に、満洲（中国東北部）で使用された軍用乾電池の大成功に関する記事が掲載されました。従来、軍では液体電池が使われていましたが、満洲の寒気の中、乾電池だけが使用できたこともあり、「満洲での勝利はひとえに乾電池によるもの」と報じられたのです。すぐれた性能が証明された屋井乾電池は、国内外で大いに使用されるようになっていきました。やがて海外のメーカーとの競争にも打ち勝ち、屋井の作った会社は、国内乾電池業界の覇権を握るまでに発展。屋井も「乾電池王」とまで呼ばれるようになりました。ところが昭和2（1927）年、66歳で屋井は急逝します。

電池事業で急成長を遂げた松下電器

屋井の死後、屋井乾電池は衰退します。代わって台頭したのが、松下幸之助でした。松下は大正12（1923）年に自転車用の「砲弾型電池式ランプ」を開発します。その後も乾電池を使ったランプを次々と考案し、ヒットしました。需要が増えたことで、松下電器（現・パナソニック）は外注していた乾電池を自社で製造するようになり、大きく成長していきます。

さて現在、電池は材料の組み合わせだけで約35種類もあります。円筒形や長方形、コイン形など、形や大きさの違いもカウントすれば約4000もの種類があります。身近なところでは家電や携帯電話、おもちゃ、時計、あるいは工場やビルなどでさまざまな乾電池が使われ続けています。

養殖真珠

富と権威の象徴だった真珠を庶民の手に。

クレオパトラの時代から存在し、「月のしずく」「人魚の涙」と呼ばれて珍重された真珠は、偶然でしか手に入らず、薬としても使われていた。

その希少性から、長らく王侯貴族などの特権階級の人間しか手にすることができなかったが、明治時代に日本人が養殖に成功したことにより、庶民も真珠を手にすることができるようになった。

ファッションの流行とともに養殖真珠の需要は増減する。最近の傾向は……。

★

明治26(1893)年

美の薬として用いられた真珠

真珠は、ペルシャ湾や紅海で取れた貝の中から発見されたといわれています。以来、「月のしずく」、あるいは「人魚の涙」とも呼ばれる真珠は世界中の人々を魅了し、6月の誕生石としても愛されています。

ただし、約120年前に養殖に成功するまで、真珠は天然の貝の中から見つける以外は入手が困難で、希少価値が高いため一部の権力者しか所有できませんでした。

エジプトでは、紀元前3200年ごろから知られていたといわれ、最後の女王となったクレオパトラは、みずからの美と富を誇示するため世界最大の真珠のイヤリングを酢に浸けて溶かし、飲み干したといわれています。中東の民間伝承を集めた『アラビアン・ナイト』に収録されている「シンドバットの冒険」にも真珠が登場します。

中国では、紀元前2300年ごろから真珠が薬として用いられ、秦の始皇帝が不老長寿の薬として探し求めた、あるいは唐代の楊貴妃や清代の西太后が、玉のように美しい肌を保つ秘訣として粉末にして服用していたなどの逸話が伝わっています。

黄金と真珠の国・日本

真珠の代表的な母貝であるアコヤ貝は日本近海に生息するため、古代より日本は真珠の産地でした。真珠は中国王朝への朝貢品としても使われており、日本最古の輸出品のひとつといえるかもしれません。『魏志倭人伝』や『後漢書』にも、日本の真珠が取り上げられています。

奈良時代になると、真珠は天皇の衣冠束帯に使われ、身分の高い人物を象徴するものとなりました。その美しさをたたえた歌は『古事記』や『万葉集』にも収められており、正倉院には当時の真珠が今もなお美しい輝きを保っているそうです。

また、マルコ・ポーロが『東方見聞録』で日本は黄金と真珠の国であると書いたことで、13世紀末のヨーロッパでも日本が真珠の産地であると認知されていました。江戸時代、日本と貿易をしていた中国人とオランダ人は、日本の数ある品の中でも真珠に注目しました。当時、**多くの日本人は真珠に無関心だったこともあって、そのほとんどが輸出されていました。**

明治時代になって、極度の貿易赤字という大きな問題に直面した政府は、外貨の獲得を目指しました。そうした中、水産学者が目をつけたのが真珠です。世界ではじめて真珠の養殖に成功したのは、現在、真珠販売で世界一のシェアを誇る「ミキモト」の創設者・御木本幸吉《みきもとこうきち》でした。

研究に研究を重ねた「真珠王」

現在の三重県に生まれた御木本幸吉は、明治11（1878）年に上京します。このとき横浜で真珠の売買を目にした御木本は、商売につなげようと考え、真珠貝を採るために三重県の英虞湾《あご》で試験養殖をはじめます。そして、明治23（1890）年に上野で開催された第3回内国勧業博覧会に、アコヤ貝などを出展しました。

この博覧会で御木本は、出展物の審査官を務めていた水産学界の権威で東京帝国大学教授の箕作佳吉《みつくりかきち》に話を聞きました。アコヤ貝の中に異物が入ると、その身を守るために真珠質を分泌して異物を包み込み、その層が厚みを増すと真珠になるというのです。ただし理論上そうなるというだけで、成功した者はいませんでした。

アコヤ貝の養殖に成功していた御木本は、真珠づくりの研究に取り組みます。そこには大きな困難が待ち受けていました。まず、貝に何を入れても吐き出されてしまったのです。貝を開けなければ結果がわからないため、長い時間をかけたあげく失敗、ということをくり返しました。

追い討ちをかけるように、英虞湾で赤潮が発生し、養殖していた貝5000個がすべて死んでしまうという事件が起こります。さすがの御木本も落胆しますが、別の場所で難を逃れた貝があり、それに望みは託されました。

明治26（1893）年7月、ついにそのときが訪れます。アコヤ貝の内面にコブのような半円形の真珠ができていました。世界初の真珠の養殖に成功したのです。

量産態勢が整うと御木本は、明治32（1899）年、日本初の真珠専門店「御木本真珠店」を東京・銀座に開設しました。明治26（1893）年にシカゴで開催されたコロンブス万国博覧会をはじめ、世界各国で開かれた博覧会に養殖真珠を使った工芸品を出品しました。

御木本はこの間も研究を続け、異物（貝殻を丸く削ったもの）を「核」とし、別の貝からとった外套膜の一部を貝に入れ、真珠層を形成するという方法を確立しました。

そして明治38（1905）年、真円の真珠を作り出すことに成功したのです。その2年後、御木本は「真珠素質被着法」という特許を取得しました。

御木本は大正2（1913）年のロンドン支店開設を筆頭として、ニューヨークやパリなど、積極的に海外で事業を展開しました。やがて「真珠王」と呼ばれた御木本の作り出す養殖真珠は「ミキモト・パール」の名前で世界中に知れ渡り、そして世界の真珠市場の6割を占めるまでになりました。

不買運動、裁判を経て浸透

明治時代は養殖真珠のほとんどが輸出品でした。当時のヨーロッパの真珠商は、養殖真珠と天然真珠を見分けられず、それを区別する必要はないと考え、多くの養殖真珠を天然真珠と混ぜて販売していました。

しかし、大正10年（1921）年に養殖真珠がロンドンの真珠市場に紛れ込んでいたことが明らかになったことで、真珠商や真珠の所有者たちは不安に陥りました。そのためロンドンの有名な宝石店では、養殖真珠を真珠として販売することは詐欺だという公式声明を出しました。

この養殖真珠騒動はフランスにまで広がり、パリの真珠市場は一時閉鎖されるほどの恐慌に見舞われます。その後、天然真珠を扱うパリの業者組合は、養殖真珠の不買運動を起こしました。これを不当として御木本真珠店のパリ支配人が裁判所に訴えます。ついに養殖真珠は本物か偽物かが、裁判で争われることになりました。

当時、一流の真珠研究者が鑑定を行った結果、養殖真珠は天然真珠と何ら変わらないと結論づけました。

こうして安価な日本の養殖真珠が浸透したことで、ヨーロッパの天然真珠市場は壊滅しました。

◉英虞湾の真珠の養殖場

養殖は各地で行われ、三重のほか愛媛、長崎、熊本の4県で真珠の全生産量の9割以上を占める。

進駐軍の将校たちが買いあさった養殖真珠

昭和20（1945）年、日本はポツダム宣言を受諾し、戦争に終止符が打たれました。日本に進駐してきた連合国の将校たちが楽しみにしていたのが、意外なことに養殖真珠だったのです。養殖真珠は進駐軍の売店でも販売され、飛ぶように売れました。

昭和23（1948）年に真珠の国内販売や輸出が部分的に解禁されます。めぼしい輸出商品が少なかった中、**養殖真珠は「輸出品の花形」とされ、外貨獲得高ではトップクラスの商品となりました。**

海外の真珠人気は、パリ・モードのおかげでした。戦時中は女性らしさを抑えつけるかのようなファッションが中心でしたが、戦後は女性らしさを強調するファッションが求められました。

昭和22（1947）年、ファッションデザイナーのクリスチャン・ディオールは、女性の体型にぴったりと合った「ニュールック」というスタイルを発表し、世界中に大きな衝撃を与えます。ニュールックスタイルは、真珠のアクセサリーとの相性がよかったのです。真珠は飛ぶように売れました。

グレース・ケリーやマリリン・モンローといった世界的な人気を博した映画女優らが真珠を愛したことから、世界中の女性が真珠を欲しがりました。さらに、ティファニーやカルティエといった一流宝飾ブランドが日本の養殖真珠を扱いはじめたこともあって、**黒いドレスには真珠というコーディネートが定着します。**

こうした動きを受けて日本政府は、昭和30（1955）年に国立真珠研究所を開設し、真珠養殖を国策としました。真珠の養殖技術は大きく進み、真珠産業は成長産業になりましたが、突如として輸出の動きが止まってしまいます。

それは真珠と相性の悪いミニスカートが大流行したからだと言われています。また、量産された真珠の質が下がったことで、バイヤーが不信感をもったことも理由のひとつとして考えられます。

バブル期には日本が世界最大消費国

昭和48（1973）年になると、真珠の需要は回復しました。ミニスカートに代わって、くるぶしまである長いスカート（マキシ丈スカート）が流行したからです。このマキシ・スタイルに真珠のネックレスをコーディネートすることが最先端のファッションとされ、真珠の売れ行きが伸びはじめました。

大手真珠会社は、国内の需要を増やすため盛んに真珠をPRし、バブル期には日本が世界最大の真珠消費国になりました。

平成28（2016）年にG7伊勢志摩サミットが開催された際、各国首脳は金に真珠をあしらったラベルピンをつけました。これは、三重県の真珠業者が企画・提供したものです。まさに、「黄金と真珠の国」の技術の結晶といえるでしょう。

真珠のこぼれ話

真珠の救世主ココ・シャネル

天然真珠の価格が暴落し、ヨーロッパでは取引のできない状態が続いたことがありました。1930年のことです。

この真珠の危機において救世主となったのは、ファッションデザイナーの真珠を好んだココ・シャネルでした。

シャネルが考案したブラックドレスには、真っ白い真珠のネックレスがよく似合いました。

シャネルのブラックドレスと真珠のネックレスを組み合わせたファッションが、世の女性たちの圧倒的な支持を得たのです。

また、日本の養殖真珠は規格が統一されており、大量生産が可能だったことから、ネックレスに使われるようになったのです。

八木アンテナ

遠くから電波を受信でき、レーダーに使われた技術。

地上波テレビの受信用アンテナのほとんどは、つい最近まで八木アンテナを採用していた。現在もこの技術は多くの分野で活用されている。高性能で改良の余地すらないほど完成度が高く、海外の研究者を驚かせたにもかかわらず、なぜか発明当時の日本では、その価値が理解されなかった。

そして第二次世界大戦、皮肉にも八木アンテナを活用したレーダーを駆使した連合軍に日本は敗れた。戦時中、敵の資料を見つけた日本軍は、「Ｙａｇｉ」の意味がわからず、捕虜にたずねたという……。

大正14(1925)年

電波指向方式のアンテナ

東北大学の名誉教授・虫明康人《むしあけやすと》は、平成29（2017）年に電気・電子技術やそれに関連する歴史的な偉業を認定するIEEEマイルストーンという賞を授与されました。虫明名誉教授の長年にわたるアンテナ研究が評価されたのです。

東北大学がこの賞をもらうのは二度目のこと。平成7（1995）年に初めて受賞したときは、「指向性短波長アンテナ」の発明が理由でした。

かつて、社会評論家の大宅壮一が日本人のテレビ好きを「一億総白痴化」と揶揄しました。作家の松本清張も同じような趣旨の発言をしています。

それほど日本人が好きなテレビの発明・実用化に、2人の日本人が大きな役割を果たしたことは、あまり知られていません。テレビを発明したのは高柳健次郎で、指向性短波長アンテナ、つまりテレビアンテナを発明したのが八木秀次です。

東京帝国大学（現・東京大学）工科大学電気工学科を卒業した八木は、将来、短波あるいは超短波による通信が主流になると予想し、大正14（1925）年に「短波長電波の発生」「短波長による固有波長の測定」などの論文を発表しました。

八木はこれらの論文に記した理論に基づき、「電波指向方式」を考案。翌年、特許権を取得します。そして昭和３（１９２８）年にアンテナを開発しました。

八木の理論を実際のアンテナを例にできるだけわかりやすく説明しましょう。まず、上下２段に分かれているアンテナが、もっとも一般的な「八木アンテナ」です。

八木アンテナの構造は、図のように大きく３つの部分に分かれています。給電されたダイポールアンテナ、給電されていない導波器と複数の素子（導波素子）、そして給電されていない反射器（反射素子）です。

◉八木アンテナを上から見た図

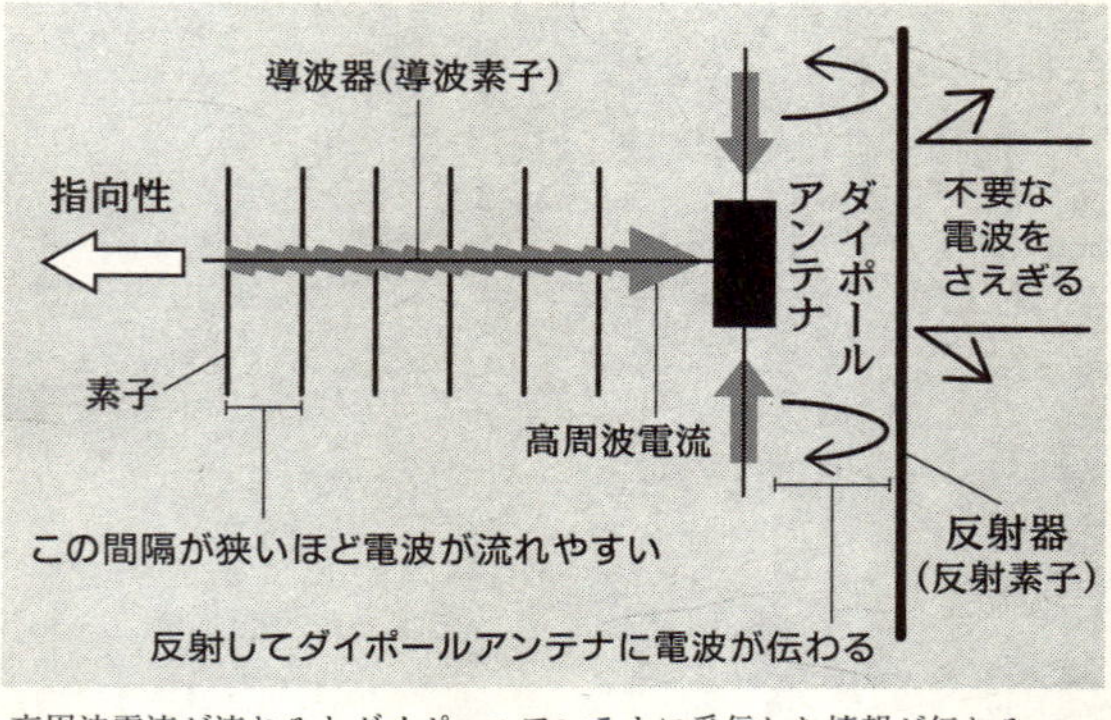

高周波電流が流れるとダイポールアンテナに受信した情報が伝わる。

アンテナが特定の方向から電波を選択的に受信する性質を、そのアンテナの指向性といいます。八木アンテナは、導波器が向かう先の方向に指向性があります。

ダイポールアンテナは受信機、現在でいえばテレビチューナーなどにつながっています。素子が電波を受けとると導波器に高周波電流が流れ、ダイポールアンテナに伝わるしくみです。導波器を長くし、素子の間隔を狭くすると、電流が流れやすくなります。

反射器は、その名のとおり電波を反射してダイポールアンテナに伝えます。さらにアンテナの指向性とは逆の不要な電波を遮る役目も果たしています。

導波素子と反射素子を組み合わせて指向性を高めた八木アンテナの構造は画期的で、より遠くから届く弱い電波も受信可能になりました。さらに、広範囲に電波を発信することができるというレーダーのような性能も持ち合わせています。

八木アンテナは、正式には「八木・宇田アンテナ」と呼ばれています。八木の指導の下、講師（当時の職名）の宇田新太郎が開発作業を担当し、2人の共同開発の成果として誕生したといえるからです。しかし、八木の名前だけで特許申請が行われたことから、国際的に「八木アンテナ」という名称が定着しました。

マルコーニの大西洋横断通信

そもそもアンテナは、電気エネルギーを電波として放出する、あるいは電波を電気に変換する道具で、電波の出入口といえます。すなわち、アンテナがあれば、有線ではなく無線で電波に変換された情報のやりとりができるのです。

アンテナの歴史は、ドイツの物理学者・ヘルツからはじまるといってもいいでしょう。明治21（1888）年、ヘルツはコンデンサーやコイル、放電球などで構成した送信機を放電させ、電波を受信する実験に成功しました。

その後、電波による通信を可能にしたのは、明治28（1895）年に行われたイタリアのマルコーニによる実験の成果です。マルコーニは通信距離を伸ばすために高さ8メートルのアンテナを立て、約2・4キロ離れた地点間での無線通信を可能にしました。

さらに明治32（1899）年には、ドーバー海峡横断通信に成功。明治34（1901）年には、大西洋横断通信という偉業を達成します。これらの業績が評価され、マルコーニは明治42（1909）年にノーベル物理学賞を受賞しました。

無線通信は、つねに移動する船舶で用いられてこそ本領を発揮します。世界中の海に船を出していた20世紀イギリスの急速な経済発展を支えた重要なポイントのひとつは、間違いなく無線通信のおかげがあるといえるでしょう。

微弱な電波でも受信可能

マルコーニが大西洋を横断する通信に必要としたのは、高さ60メートルのアンテナを直径60メートルもの円状に立てるという、大規模な送信所でした。

一方の八木アンテナは電波を受信する場合、放送局に向かって後ろから反射器、ダイポールアンテナ、導波器と素子を置き、導波器に給電するだけでいいのです。すぐれた指向性をもつ

◉マルコーニのアンテナ

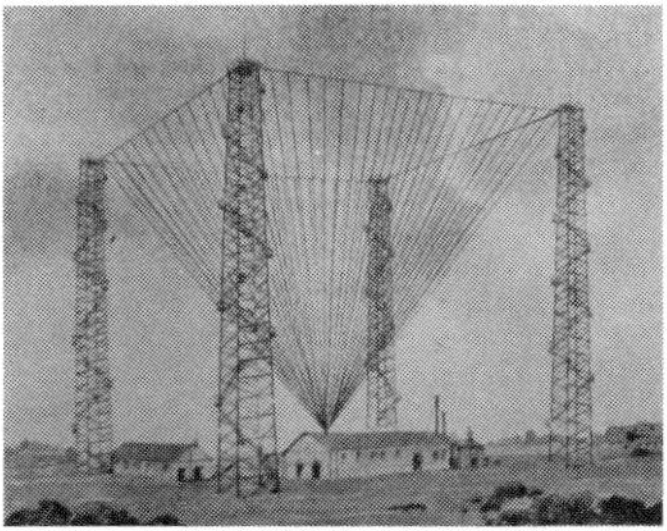

1914年ごろイギリスにあったラジオ局のアンテナ。マルコーニが立てた。

うえに、受信する方向を選べます。シンプルな構造と感度の高さが、それまでのアンテナの常識をくつがえしました。

また、**八木アンテナは論文の発表当時から改良の余地がほとんどなく、高い完成度を誇り、超短波用のアンテナでは、海外の研究者も模倣できませんでした。**論文は海外で高く評価され、超短波用の高性能アンテナとして認められました。現在の超短波・極超短波用として使用されているほとんどすべてのアンテナは、八木アンテナの原理に基づいています。

世界が先に認めたすぐれた性能

八木の理論やアンテナは発表当時、電気通信の専門家が少なかったこともあり国内ではほとんど注目されませんでした。一方で欧米の学会や軍部は画期的な発明だと、熱烈に迎え入れました。当時、各国はレーダーの開発に力を入れており、高性能のアンテナを必要としていたからです。

第二次世界大戦でレーダーの開発が遅れた日本軍は、苦戦をしいられました。日本軍が八木アンテナの存在を知ったのは、昭和17（１９４２）年にイギリスの植民地シンガポールを陥落させたときです。イギリス軍の基地に見たこともないアンテナが設置されていたことから、日本軍は焼却炉に残っていた技術資料と思われるノートを押収しました。日本に送られて綿密に調査されましたが、誰ひとりとしてノートに書かれた「Ｙａｇｉ」という文字の意味を理解できませんでした。

問題になったノートの持ち主は、捕虜になっていました。捕虜を尋問すると、「本当に知らないのか。Ｙａｇｉは日本人で、アンテナの発明者だ」と、驚き、呆れたというのです。日本軍は急遽、八木アンテナを使ったレーダーの開発に着手しました。

しかし、レーダーが完成したのは間もなく終戦を迎えるという昭和20（１９４５）年でした。日本製の八木アンテナは戦争の役に立つことはなかったのです。

アメリカ軍は、八木アンテナを基に作ったレーダーで日本軍の飛行機の存在を把握し、３００キロも手前で迎撃したといわれています。原爆投下の際にも、八木アンテナを使って爆発高度を決めたともいわれています。

八木アンテナの特許は昭和15（１９４０）年に失効したのち、更新が認められませんでした。海外の特許もそのまま失われてしまいます。ところが**戦後、八木アンテナ**

をもとにつくられたイギリスのテレビアンテナが逆輸入され、生産されるようになりました。特許権が残っていれば、莫大な権利料が得られたはず……でした。

テレビが世界中に普及すると同時に、八木アンテナも全世界の屋根に林立しました。ＶＨＦのテレビ電波を受信できるのがほかになかったのですから、当然のことです。

テレビとともに爆発的に普及

昭和27（１９５２）年、テレビや無線のアンテナメーカーとして八木アンテナ株式会社が設立され、八木が社長に就任しました。日本にようやく八木アンテナが定着するのは、その翌年テレビ放送がはじまってからです。

テレビ放送が開始された2月の視聴者は、わずか１２００世帯程度でしたが、同年の12月には視聴者が2万世帯に達するという、驚異的な増加ペースでした。八木アンテナ株式会社も、アンテナメーカーのパイオニアとして、発展を続けていきます。

その後もテレビ受信アンテナとしては、もっぱら八木アンテナか八木アンテナの改良型が用いられ、ケーブルテレビ（ＣＡＴＶ）がはじまるまでは、全世界に普及していました。

　テレビ放送は2012年3月にデジタル放送に完全に切り替わり、アナログ地上波用のテレビアンテナは使われなくなりました。しかし、八木アンテナは今も地域防災無線・船舶・航空機などで使われています。

　国立科学博物館は、平成20（2008）年から時代を動かした技術製品を重要科学技術史資料として登録する制度を実施しています。登録された資料は、通称「未来技術遺産」と呼ばれています。

　平成28（2016）年、八木アンテナは世界初の超短波アンテナであることが評価され、重要科学技術史資料として登録されました。

八木アンテナのこぼれ話

冷遇されていたわけではない八木秀次

　八木アンテナは日本では重要視されていなかったものの、開発者である八木秀次が冷遇されていたわけではありません。昭和7（1932）年には大阪帝国大学教授を兼任し、昭和17（1942）年には東京工業大学の学長に就任しています。

　さらに、昭和19（1944）年には技術院総裁、昭和21（1946）年には大阪帝国大学の総長に就任しています。

　この間、八木は電気通信学会・電気学会の会長を務めるなど、日本の通信工学の発展にきわめて大きな役割を果たしています。

　昭和31（1956）年、八木は文化勲章を授章し、その後も日本学士院会員として活躍を続けました。

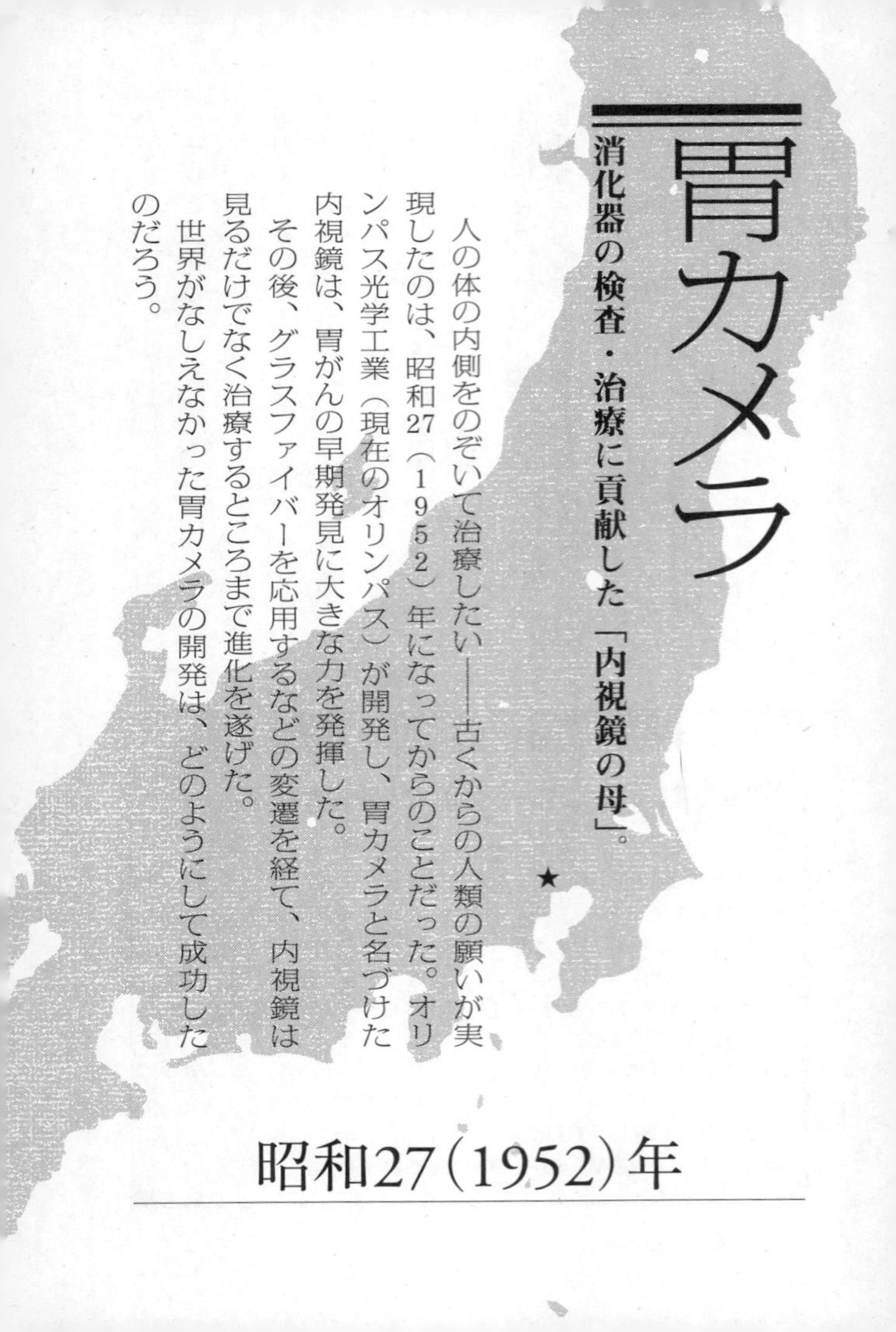

胃カメラ

消化器の検査・治療に貢献した「内視鏡の母」。

人の体の内側をのぞいて治療したい——古くからの人類の願いが実現したのは、昭和27（1952）年になってからのことだった。オリンパス光学工業（現在のオリンパス）が開発し、胃カメラと名づけた内視鏡は、胃がんの早期発見に大きな力を発揮した。

その後、グラスファイバーを応用するなどの変遷を経て、内視鏡は見るだけでなく治療するところまで進化を遂げた。

世界がなしえなかった胃カメラの開発は、どのようにして成功したのだろう。

昭和27（1952）年

すでに使われていない胃カメラ

「この間、胃カメラをのんだよ」などという会話を耳にしたことがあるかと思います。しかし、現在の医療現場では、厳密には「胃カメラ」は使われていません。発明が画期的だったこともあって、一般に胃などの検査をするための器具を胃カメラと呼んでいるのです。

体の内側をのぞいて治療するという試みは意外に古く、紀元前4世紀の古代ギリシアにはじまります。当時の主な交通機関は馬で、痔をわずらう人が多数いました。痔を焼いて治す必要性から、肛門の内側を観察するための医療機器が用いられたことがわかっています。

紀元1世紀の古代ローマ時代のポンペイの遺跡からも、内視鏡の原型と思われる「拡張子」と呼ばれる医療器具が発掘されています。

管を通した体内の観察をはじめて試みたのは、ドイツの医師ボチニです。ボチニは、文化2(1805)年、導光器という器具を作り尿道や直腸、咽頭を観察しました。

その約50年後には、フランスの医師デソルモが尿道や膀胱を観察する器具を作ります。これが内視鏡と名づけられました。

明治元（1868）年、ドイツの医師クスマウルが、世界で初めて生きている人間の胃の中を見ることに成功しました。長さ47センチ、直径13ミリの金属管を、剣をのみ込む芸を披露していた大道芸人にのませたのです。その約10年後には尿道・膀胱鏡が作られ、さらに明治14（1881）年には、オーストリアの医師ミクリッチらによって、初めて実用的な硬性胃鏡が作られました。この硬性胃鏡を改良したのが、昭和7（1932）年にドイツの医師シンドラーが発表した軟性胃鏡です。先端に近い3分の1の部分がある程度曲がるうえ、管の内部に多数のレンズがついており、豆電球で照らすことによって、胃の中を見たのです。

胃の中に小型のカメラを入れて撮影しようという試みは、明治31（1898）年、ドイツのランゲとメルチングによって行われますが、実用化できませんでした。その後昭和5（1930）年になって、ドイツでガストロフォトールという名前で商品化されました。ただし実用に役立つものではありませんでした。

試行錯誤のすえ誕生

昭和24（1949）年、東京大学医学部附属病院の宇治達郎医師から「患者の胃の中を写すことができるカメラを作ってほしい」という難題が、オリンパス光学工業に持ち込まれました。これが日本における胃カメラ開発のはじまりです。

当時、胃の病気の診断には、レントゲンと胃鏡の2通りの方法がありました。しかし、レントゲンでは胃の内部の壁の様子まではわからず、胃鏡では患者の苦痛が大きく、危険性も高かったのです。

オリンパスでは極小レンズの製作、強い光源の検討、最適なフィルムの入手などの課題が多く、試行錯誤しました。杉浦睦夫《むつお》と深海正治《ふかみまさはる》をはじめとする同社の技術開発陣の尽力で、これらの課題をひとつずつクリアしていきました。

幸いなことに、オリンパスはすでに極小レンズを作成する技術を有していました。そのため、胃の中に挿入できる小さなランプを開発して最初の課題をクリアしました。

次の課題はフィルムの入手です。汎用の35ミリのフィルムは大きすぎて使えないため、幅わずか5ミリで、20枚撮影可能というフィルムの開発に成功します。これでレンズとフィルムと光源はそろいました。

残るのは、どうやってフラッシュを焚くかという課題です。ランプを途中で取り替えることなく、20回フラッシュを焚くことができなければいけません。これは金属のタングステンのフィラメント（光や熱を出す線）を使った極小の電球に、高圧の電気を短時間流すことで解決しました。

カメラは完成しましたが、最後の最後にカメラを胃の中に入れるパイプ作りが待っていました。材料探しに時間がかかったものの、直径12ミリのパイプは、昭和25（1950）年に完成しました。

胃がんの早期診断に大いに貢献

依頼から1年というスピードで、胃カメラの試作機が誕生しました。本体の先端に撮影レンズがつき、フィルムは幅6ミリの白黒、手元の操作で豆ランプを光らせて撮影したあと、ワイヤーで引っぱってフィルムを巻き上げるという構造でした。ところがこの試作機は実用に耐えるものではありませんでした。

さらに改良を重ね、昭和27（1952）年についに実用化されました。長さ約80センチの柔軟な管の先端に、固定焦点レンズの小型カメラをつけた胃カメラです。**カメラの方向は手元で操作でき、先端の電球のフラッシュによって、幅4～5ミリのカラーフィルムに5×6ミリ、または4×6ミリの写真が21～40コマ撮影可能**というものでした。胃の内部は直接見られないため、腹壁を通して見えるフラッシュを参考に位置を推定して撮影を行いました。

胃鏡を使った検査では暗い視野の中でやっとスケッチができた程度でしたが、胃カメラを使うことによって、胃の中がカラーで鮮明に撮影できるようになったのです。その結果、胃の中の様子を多くの人が見られるようになり、胃がんの早期診断に大いに貢献しました。

以降、東京大学医学部の内科、および外科を中心として

◉胃カメラの構造

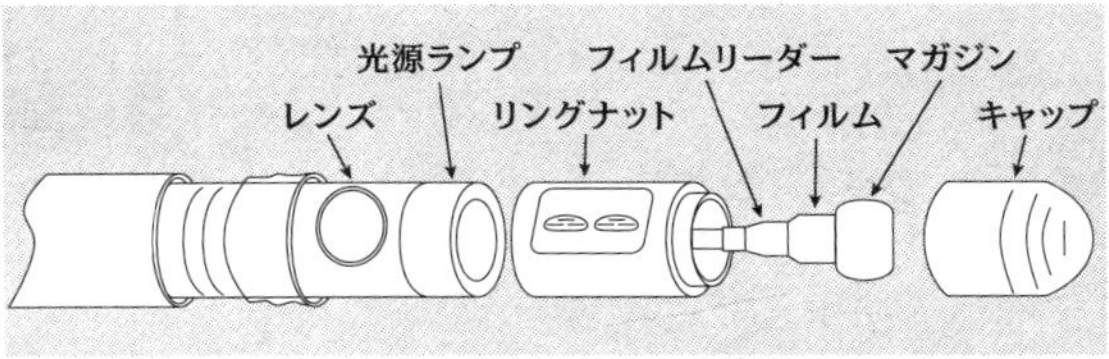

先端部に細いフィルムが入っており、光源ランプが光ることで撮影できた。

胃カメラの改良と胃カメラを利用した診断法の確立がなされ、昭和35（1960）年ごろから、日本全国に普及していきます。

なお、この胃カメラは、撮影後に現像した写真から胃の中の様子を判断します。つまり、撮影時点では胃の中の様子はまったくわかりません。異常がある部分を撮影できていない恐れもありました。

胃カメラからファイバースコープへ

日本で胃カメラが誕生したころ、アメリカでは新素材「グラスファイバー」の活用が試みられていました。曲がっても、光を端から端へ伝えることができる特性を内視鏡に取り入れ、ついに胃の中を見ることに成功したのです。

カメラで胃の中を見て、写真を撮ることができるようになったのは、昭和39（1964）年。「ファイバースコープ付き胃カメラ」が登場しました。ファイバースコープつき胃カメラは、胃の中をリアルタイムで観察・記録できるという、胃カメラにはない特長を備えていたこともあり、大きな注目を浴びました。

その後、次々に新技術や新材質による検討が加えられ、接眼部のカメラで撮影できるようになります。昭和50（1975）年ごろには、胃カメラの時代は終わり、ファイバースコープの時代になったのです。

こうした経緯もあって、日本で開発された胃カメラは「内視鏡の母」ともいえます。

ファイバースコープは現在、食道から直腸までのすべての消化器にまで、適応範囲が広がっています。胃カメラを開発した日本は消化器のがんの早期診断態勢の中軸をなしています。また、機能検査に応用されて疾患の病態解明や、治療面にも進出。内視鏡を使っての異物の摘出、止血、ポリープ除去も行えるようになっています。

◉ファイバースコープ

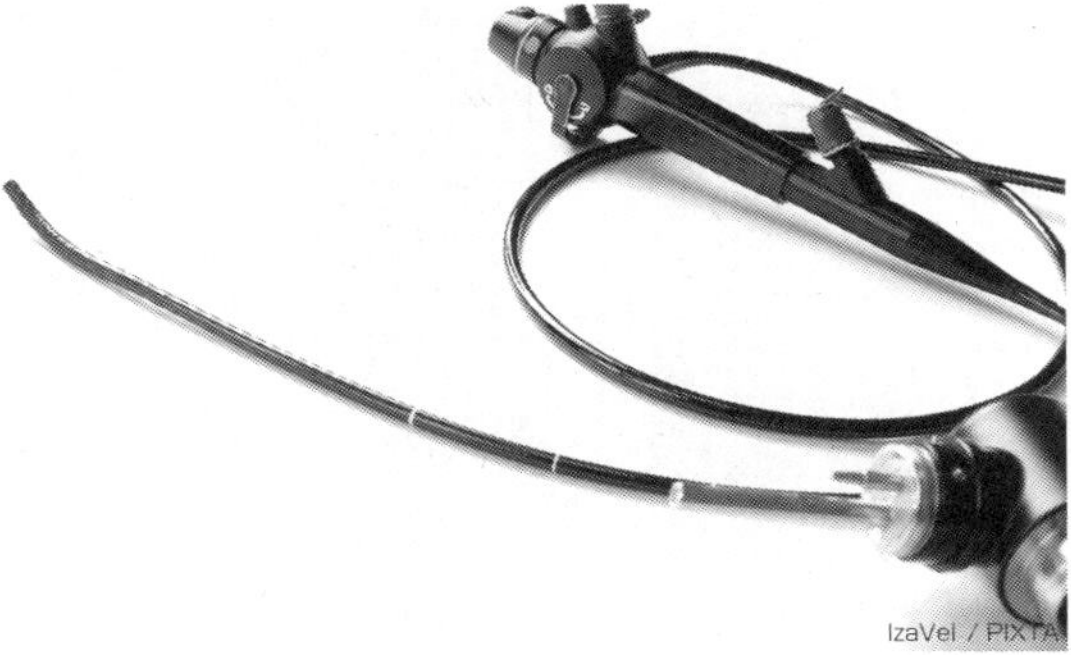

現在は、光ファイバーが使われており、先端部のレンズから取り入れた画像を反対側から見ることができる。

インスタントラーメン

国境を越え愛されている日本生まれの世界食。

インスタントラーメンを袋から取り出し、わずか数分間煮る。あるいは、カップ麺の上蓋をめくり、熱湯を注ぎ、3分ほど待つ。たったこれだけの手間と時間で、誰もが素早くおいしいラーメンを口にすることができる。また、最近では調理せずそのまま口にするＣＭが放送され、話題になった。

日本で生まれたインスタントラーメンは、国境を軽々と越え、世界中で愛されている。世界各地で独自の愛され方をしているインスタントラーメンの誕生のきっかけや、意外な開発秘話に迫る。

昭和33（1958）年

メリヤス販売からスタートした安藤百福

インスタントラーメンが誕生して60年以上。今や、日本の国民食といってもよく、平成28（2016）年度のデータによれば、日本に住む人の一人当たりのインスタントラーメンの年間消費量は、じつに44・6食にも達しています。

昭和33（1958）年、日清食品が「チキンラーメン」を発売しました。これが、世界初のインスタントラーメンです。チキンラーメンを発明したのは、日清食品の創業者・安藤百福です。

安藤は、明治43（1910）年に当時日本統治下だった台湾で生まれました。22歳で起業を決意し、日本からメリヤス製品を仕入れて販売する仕事をはじめます。これが大成功を収め、翌年大阪に来て日東商会を設立。メリヤス販売以外にも、さまざまな事業をはじめました。

戦争がはじまると、安藤は軍事物資の横流しを疑われ、留置所に入れられてしまいます。出された食事は麦飯と漬物だけ。食器が汚れていて臭かったこともあって、数日間、絶食しました。「人間にとって、食こそが最も崇高なものだと感じられた。インスタントラーメンの発明の源をたどっていけば、ここまでさかのぼるのかもしれない」と、後に安藤は回想しています。

闇市の行列で決意

終戦後、空襲によって安藤は事業の拠点をすべて失ってしまいました。昭和21（1946）年の冬、疎開先を整理した安藤は、大阪府泉大津市に移りました。そこで安藤が目にしたのは、終戦から1年以上たったというのに飢餓状態の人があふれ、餓死者が道端にうずくまっているという、悲惨な光景でした。このとき安藤は「食」を仕事にする決意を固めたのです。まず製塩業をはじめ、栄養食品を開発しようと、国民栄養化学研究所を設立しました。

ある冬の夜、安藤は偶然通りかかった闇市で20～30メートルもの長い行列を見つけます。**ラーメンの屋台にできた行列でした。粗末な衣服に身を包んだ人々が、寒さに震えながら食べる順番を待っていたのです。**これをきっかけに、安藤はラーメンに深い関心をもちました。

ところが昭和23（1948）年に脱税容疑で逮捕され、すべての不動産を没収されてしまいます。自由の身になったのは、2年後のことでした。その後、新しく設立された信用組合の理事長に就任するも、この信用組合は破たん。理事長として社会的責任を問われた安藤は、またしても財産を失いました。

昭和32（1957）年、無一文になった安藤は、再起を期して戦後の窮乏の時代に思いついたアイデアの実現に没頭します。

当時の厚生省（現在の厚生労働省）は、アメリカであまった小麦を消費するため、日本人に粉食を勧めていましたが、安藤は粉食といえば、ほとんどがパンやビスケットという状況に不満を抱いていました。日本人が好む麺類をなぜ奨励しないのかと考えていました。

そして安藤は、おいしいこと、保存できること、調理が簡単なことなどを目標に、インスタントラーメンの開発をはじめました。

麺についてはまったくの素人だった安藤は、朝5時から夜中の1時、2時まで研究に没頭する生活を丸1年続けました。試作しては捨て、捨ててはまた試作するという地道な作業をくり返し、ようやく麺の原料の配合が決まりました。

「魔法のラーメン」のヒントは天ぷら

安藤は、スープの味をあらかじめしみ込ませた麺を作ろうと考えました。試行錯誤の末、ジョウロで麺にスープを振りかけ、少し自然乾燥させた後、手でもみほぐしてみました。すると、なんとか均一に麺にスープをしみ込ませることができました。ただし、長期保存に耐えられるように麺を乾燥させ、熱湯で素早く戻せるようにする、この矛盾するふたつの課題が立ちふさがったのです。

そんなある日、**妻が調理中の天ぷらを見て、安藤はひらめきました**。天ぷらを調理するために油に入れると、衣は泡を立てながら素材に含まれている水分を弾き出していきます。その後、衣の表面には無数の穴が開きました。

つまり、麺を高温の油に入れれば、水と油との温度差によって冷たい水分が麺から弾き出され、水分が抜けたら穴が開きます。その後、乾燥させた麺に熱湯を注げば、穴からたちまちのうちにお湯が吸収され、麺を軟らかくするだけでなく、スープも溶け出していくのです。

同時に、麺を油で揚げることによって、水分が10％以下になり、長期間の保存も可能になるということがわかりました。この製法は「瞬間油熱乾燥法」と名づけられ、インスタントラーメンの基本的な製造方法として特許登録もされました。

スープがチキン味になったのは、偶然の産物でした。安藤の義理の母が鶏ガラでとったスープでラーメンを作ったところ、当時、鶏料理を苦手としていた息子の宏基が、喜んで食べたことが決め手となりました。

こうして誕生したチキンラーメンは「魔法のラーメン」と呼ばれ、爆発的な売れ行

◉安藤百福の年表

明治43(1910)年	日本統治下の台湾で生まれる
昭和7(1932)年	東洋莫大小（メリヤス）設立
昭和8(1933)年	日東商会設立
昭和21(1946)年	製塩業、漁業を開始
昭和23(1948)年	中交総社設立
昭和33(1958)年	チキンラーメン発売
昭和37(1962)年	即席ラーメンの製法特許を取得
昭和38(1963)年	日清焼そば発売
昭和43(1968)年	出前一丁発売
昭和46(1971)年	カップヌードル発売
昭和51(1976)年	日清焼きそば UFO、日清のどん兵衛きつね発売
昭和58(1983)年	チルド事業に進出
昭和61(1986)年	冷凍事業に進出
平成19(2007)年	死去

きを見せました。大阪・梅田の阪急百貨店で用意した500食はまたたく間に売り切れました。

安藤は大阪の高槻市に広大な工場を建設し、1日10万食を生産しましたが、それでも需要に追いつかず、工場の前には商品の出荷を待つトラックが連なりました。

容器・調理器具・食器を兼ねるカップ

国内で大ヒットしたチキンラーメンを世界に広めるため、昭和41(1966)年、安藤は欧米に視察旅行に出かけました。アメリカ・ロサンゼルスのスーパーマーケットでチキンラーメンを試食してもらおうとすると、丼ぶりがありません。すると、アメリカ人のバイヤーがチキンラーメンを割って紙コップに入れ、お湯を注いでフォークで食べ出しました。さらに、食べ終わった紙コップをそのまま捨てたのです。

これを見た安藤は、カップヌードルの開発に取りかかりました。まずは容器の開発です。容器であり、調理器具であり、食器でもあるという画期的なカップを作らなければなりません。あらゆる素材を試した結果、発泡スチロール製にきめ、試行錯誤を重ねて厚みわずか２・１ミリのカップが完成しました。

安藤は麺の入れ方にも工夫を凝らしました。なんと、**麺を宙づりにしたの**です。麺が中間に固定されているため、運搬の際に麺が崩れにくくなるだけではなく、お湯を注ぐと麺を包み込むことになるため、麺全体を均等にほぐすことができました。

工場でカップに麺を入れるのにも苦労しましたが、カップに麺を入れるのではなく麺にカップをかぶせ反転させる「逆転の発想」で解決しました。

こうして、昭和46（１９７１）年にカップヌードルが発売されました。ところが、世間の反応はかんばしくありませんでした。

浅間山荘事件で問い合わせが殺到

カップヌードルが売れるきっかけのひとつとなったのが「浅間山荘事件」です。昭和47（１９７２）年、連合赤軍のメンバーが、軽井沢の浅間山荘に立てこもり、機動隊員と銃撃戦を展開しました。

事件は大々的にテレビで放送され、中継の視聴率は90％近くに達しました。その中継で、機動隊員が雪の中で湯気の立つカップヌードルを食べている様子が長時間にわたり放送されました。冬の軽井沢では、普通の弁当が凍って食べられないため、カップヌードルが支給されたのです。

放送を見た視聴者から日清食品に問い合わせが殺到し、カップヌードルは、飛ぶように売れはじめました。

カップヌードルはその後、さまざまなバリエーションの商品を展開していきます。ラインナップは、定番のカップヌードルにシーフードヌードル、そして、カレー。チリトマトや欧風チーズカレーなども人気です。

平成28（2016）年に発表されたトム

◉銀座の歩行者天国でカップヌードルを食べる人々

カップヌードルを銀座で試食販売をしたところ、若者たちに大ヒットした。

ヤムクンヌードルは、タイの現地法人の協力によって開発されました。発売直後に即完売するほどの人気で、ニュースでも取り上げられました。また、インドネシア風甘辛焼そば「ミーゴレン」も、インドネシアの現地法人との共同開発といったように、本場の味を手軽に味わえるのもカップヌードルの魅力のひとつです。

海外向けに販売するときも、工夫を凝らしています。すする習慣がない欧米に向けた製品は麺が短くなっています。麺が短いとスプーンやフォークで食べられます。こうした努力の成果もあって、インスタントラーメンは世界で年間およそ1000億食も消費される世界食となっています。

平成29（2017）年、日清食品は特設サイトで「謎肉の正体は、大豆である」と発表しました。謎肉とは、カップヌードルやカップヌードルカレーなどに使われているキューブ型の具材。その正体をついに発表すると、インターネット上で大きな話題になったのです。

そして「謎肉」をメイン具材とした商品を発表しヒットしました。製品開発だけでなく、消費者を巻き込んだ売り方のアイデアも秀逸でした。

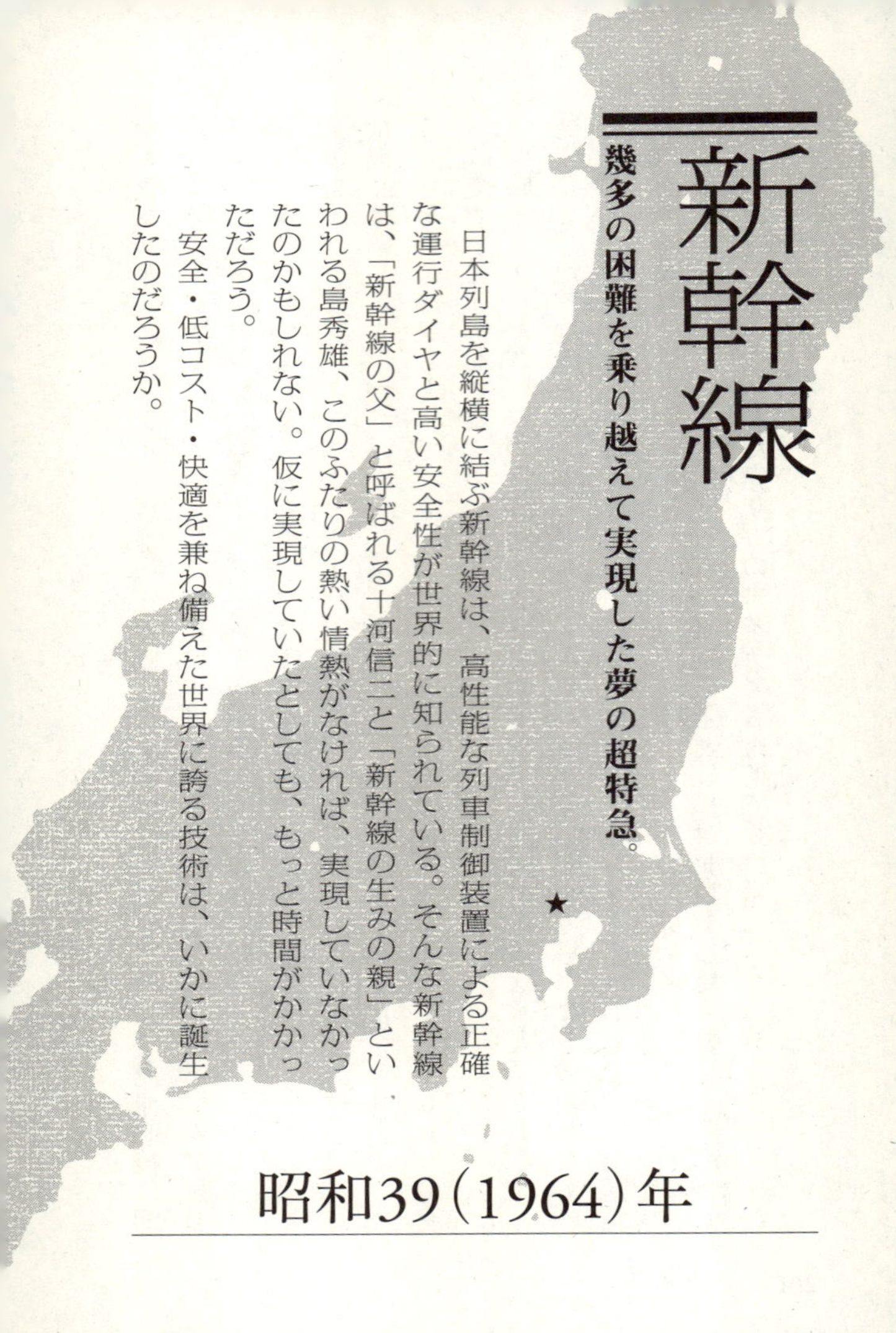

新幹線

幾多の困難を乗り越えて実現した夢の超特急。

日本列島を縦横に結ぶ新幹線は、高性能な列車制御装置による正確な運行ダイヤと高い安全性が世界的に知られている。そんな新幹線は、「新幹線の父」と呼ばれる十河信二と「新幹線の生みの親」といわれる島秀雄、このふたりの熱い情熱がなければ、実現していなかったのかもしれない。仮に実現していたとしても、もっと時間がかかっただろう。

安全・低コスト・快適を兼ね備えた世界に誇る技術は、いかに誕生したのだろうか。

昭和39（1964）年

時速300キロで駆け抜ける「台湾新幹線」

海外ではじめて日本の新幹線システムを導入した台湾高速鉄道は、平成19（2007）年に開業しました。台北～左営（高雄市）間の約345キロを最高時速300キロで結ぶ鉄道の開通によって、台湾南部まで日帰り可能な一日生活圏となり、大きな経済的波及効果を生んでいます。

台湾高速鉄道は当初、フランス・ドイツ企業連合が受注しました。しかし、平成11（1999）年に起こった台湾大地震を契機として、地震対策にすぐれ、これまで大きな事故のない日本の技術が導入されました。そのことから、「台湾新幹線」とも呼ばれます。

日本のシステムは、軌道・車両・信号などで広く採用されています。車両は、東海道・山陽新幹線700系のぞみの技術をベースとして、白地にオレンジと黒のラインをあしらった700T系となっています。

現在、日本国内では東海道・山陽・東北・上越・北陸・九州、および北海道の7線

◉現在の新幹線

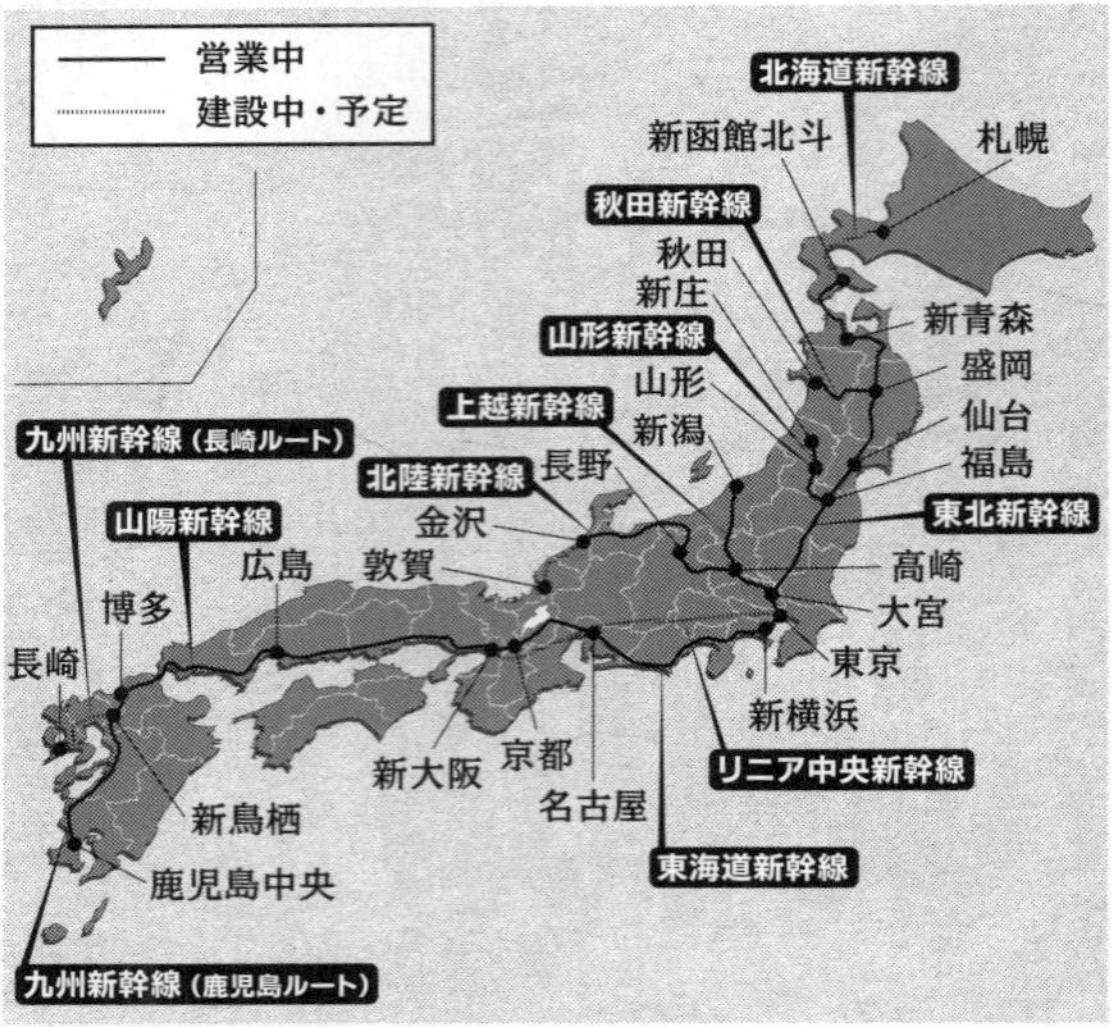

従来の新幹線マップ。北海道新幹線やリニア中央新幹線、九州新幹線など、開発中の新幹線もいくつかある。

区と、山形、秋田の2線区（通称、ミニ新幹線）に新幹線が走っています。平成28（2016）年に新青森から新函館北斗間が開業し、北海道から鹿児島までがつながりました。

　正確な運行ダイヤと高い安全性から、日本の新幹線に関心を示す国が増えています。こうした技術の海外展開は、これからの日本経済にとっても非常に重要なのです。

戦前からあった「新幹線」計画

日本初の鉄道が新橋~横浜間で開業したのは、明治5（1872）年のことでした。線路は、狭軌（レール幅1067ミリ）を採用しました。明治政府がイギリスから鉄道技術を導入した際、険しい地形が多い日本には、狭軌が適しているという技術者の助言があったためです。

昭和に入ると満州事変や日中戦争の激化などにより、中国大陸へ物資を運ぶ需要が急増。東海道本線や山陽本線といった鉄道の輸送力向上が課題となりました。

こうした背景から、昭和14（1939）年に「弾丸列車計画」が登場します。**既存の線路とは別の線路を標準軌（広軌、レール幅1435ミリ）で建設し、東京と下関を最高速度200キロ、約9時間で結ぶ計画でした。**弾丸列車とは「新しい幹線」という意味で、一部では「新幹線」とも呼ばれました。ところが、戦況悪化によって「弾丸列車計画」は中断されます。

戦後、朝鮮戦争の特需によって、日本経済は回復軌道に乗りました。鉄道の需要が大幅に増えたことで、もっとも重要な路線である東海道本線の輸送能力は、ほぼ限界に達してしまいます。

「弾丸列車計画」の再登場

国鉄は、在来線とは独立した高速列車の必要性を強く国に働きかけました。同時に、鉄道技術研究所（現在の鉄道総合技術研究所）は、戦前に計画されていた「弾丸列車計画」を持ち出します。それは、東海道本線とは別の専用線を建設し、東京〜大阪間を3時間程度で結ぶというものでした。

ただし、昭和30年代に入ると高速道路の充実と航空機の発展もあって、鉄道は時代遅れになると考えられていました。国鉄内部でも、新しい高速鉄道が実現しても意味があるのかという、懐疑的な声が上がっていたほどです。

当時の国鉄総裁・十河信二は、国鉄を離れ、民間で働いていた島秀雄を呼び戻し、技師長として迎え入れます。新しい高速鉄道の必要性を痛感していた十河総裁は、島技師長とともに、高速鉄道の実現に向けて精力的に動きました。その結果、昭和33

◉新幹線の建設を促す文書

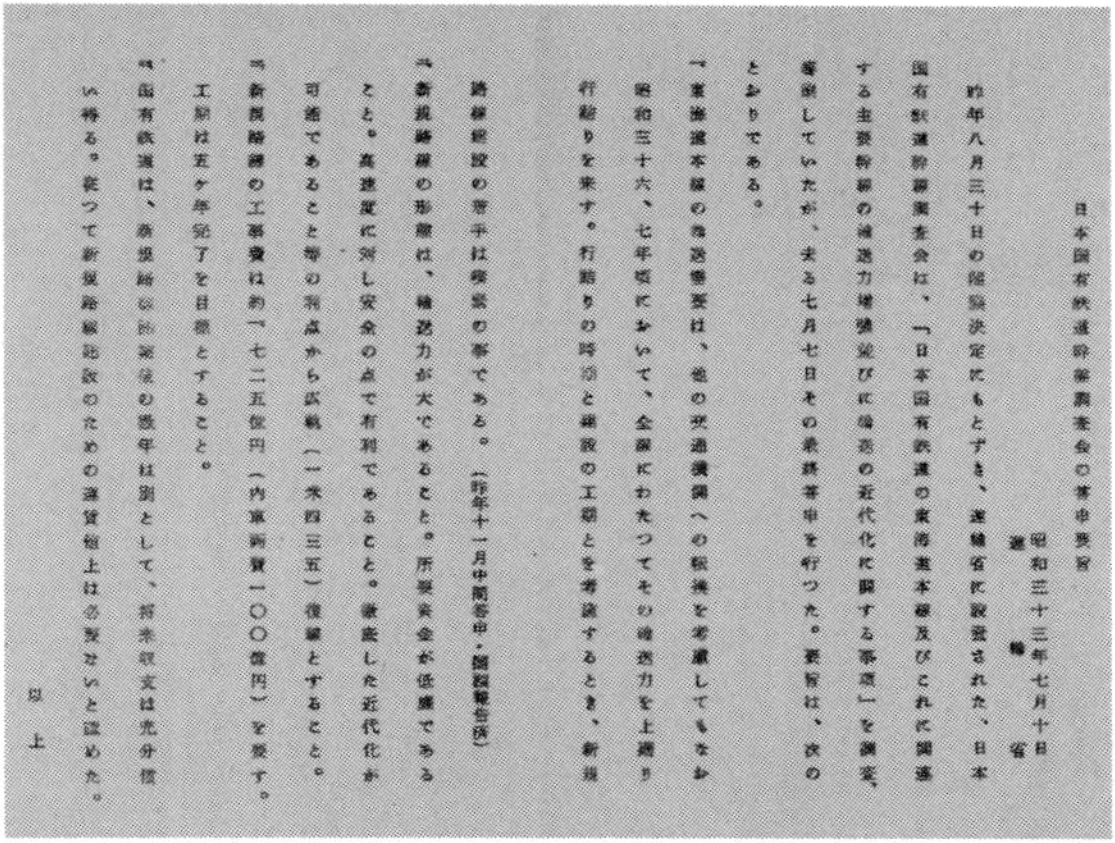
日本国有鉄道幹線調査会の答申要旨

昭和三十三年七月十日
運輸省

昨年八月三十日の閣議決定にもとづき、運輸省に設置された、日本国有鉄道幹線調査会は、「日本国有鉄道の東海道本線及びこれに関連する主要幹線の輸送力増強並びに輸送の近代化に関する事項」を調査、審議していたが、去る七月七日その最終答申を行つた。要旨は、次のとおりである。

一、東海道本線の輸送需要は、他の交通機関への転換を考慮してもなお昭和三十六、七年頃において、全線にわたつてその輸送力を上廻り行詰りを来す。行詰りの時期と建設の工期とを考慮するとき、新規路線建設の着手は緊急の事である。（昨年十一月中間答申・閣議報告済）

二、新規路線の形態は、輸送力が大であること。所要資金が低廉であること。高速度に対し安全の点で有利であること。徹底した近代化が可能であること等の利点から広軌（一米四三五）複線とすること。

三、新規路線の工事費は約一七二五億円（内車両費一〇〇億円）を要す。工期は五ヶ年完了を目標とすること。

四、国有鉄道は、新規路線開業後の数年は別として、将来収支は充分償い得る。従つて新規路線建設のための運賃値上は必要ないと認めた。

以上

昭和 33（1958）年に、運輸省（現在の国土交通省）下の有識者会議が、東海道新幹線の必要を示した答申。同年 12月に閣議決定された。

（1958）年、新幹線の建設計画が閣議決定され、翌年、建設工事が認可されたのです。

昭和37（1962）年には、神奈川県の綾瀬市付近から小田原市鴨宮にかけての約32キロに、新幹線技術モデル線が完成しました。

このモデル線は、のちに東海道新幹線の一部に組み込まれた実際の経路で、トンネル・鉄橋・直線・カーブなど、経路上にさまざまな設備がありました。ここで試験車両を時速200キロ超で運転させ、さまざまな課題への取り組みがはじまりました。

1時間に14本運行できるシステム

新幹線の開業にあたっては、独自の列車群制御システムが開発されました。おもなものとしては、ATC（自動列車制御装置）が挙げられます。

列車速度を車上で検知し、信号が指示する速度を超えると自動的にブレーキがかかって減速する仕組みです。

ATCのブレーキは、段階を経て速度を落としていき最後に停車させるというしくみで、時速210キロ、160キロ、110キロ、70キロ、30キロ、0キロ（停止）の6段階で速度を制御することができ

◉0系新幹線の速度計

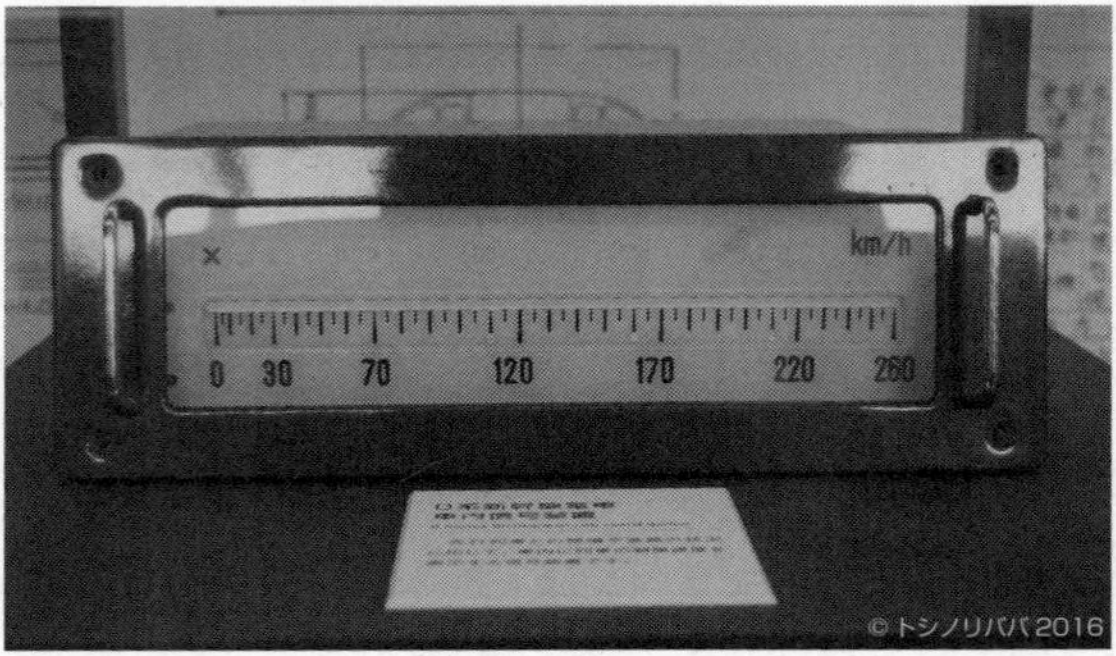

目盛りの下部は速度計。目盛りの上部には、指示速度が表示された。

ました。この技術は、世界初とされています。

さらに、東海道新幹線の開業時に導入されたＣＴＣと呼ばれる列車集中制御装置も、運行管理システムとして画期的でした。これは、**トランジスタを使った電子回路によって開発された高速かつ大量の情報伝達装置で、正確な運行を支えています。**ＡＴＣ、ＣＴＣにより、日本の新幹線は大量輸送を実現しました。現在、東北・上越・北陸新幹線はピーク時には1時間14本、東海道・山陽新幹線も1時間12本という頻度で運行されています。フランスやドイツの高速鉄道の運行頻度がピーク時で1時間に5本ですから、大きな違いです。

高速走行を可能にした「走る飛行機」の車両

新幹線の車両は、在来線よりも広い標準軌を高速走行するため、在来線の特急の車幅2・9メートル・長さ20メートルから、車幅3・4メートル・長さ25メートルと、大きくなりました。車幅が広くなったため座席も増えて、二等車は3列2列席の間に通路を挟んだ5列、一等車は2列席をふたつ並べた4列とされました。

旅客機のような丸みを帯びた先頭車両は「走る飛行機」と呼ばれました。これは、優雅なフォルムから日本では「空の貴婦人」と呼ばれたダグラス・エアクラフト社のジェット旅客機DC－8の先頭部をモデルにしています。また、青と白に塗り分けられた鮮やかな車体は、斬新で新時代の到来を感じさせるものでした。

台車は軽量化し、すれ違う際の風圧には複層ガラスで対処。トンネル突入時の気圧変化による車内居住性の悪化に対しては、ドアの構造を工夫した気密構造が採用されました。この気密性の高さは現在まで受け継がれており、日本の新幹線用トンネルの断面積は、海外のものと比べて小さくなっています。

振動の原因となった高速時に発生する蛇行動の解消も、日本独自の研究・開発によって進められました。

開通に先立つこと9年前、鉄道車両用の空気バネの開発をスタートし、3年で実用化に成功。まず特急電車で採用したのち、新幹線でも技術改良が加えられて採用されました。**海外では自動車用として使われた空気バネを鉄道に使うこと自体がイノベーションであり、新幹線の大きな特徴です。**

こうして、世界的に例を見ない時速200キロでの試験運転で生じた数々の問題を、ひとつひとつクリアしていきました。

昭和39（1964）年2月に全線の建設工事が終了し、7月7日に新幹線の愛称が、速達型の超特急は「ひかり」、12駅すべてに停車する特急は「こだま」と決まりました。8月8日には、開業日は10月1日と決定されました。10月10日に東京オリンピックが開催されるからです。

式典に呼ばれなかった「父」と「生みの親」

新幹線の出発式典には、「新幹線の父」と呼ばれた十河信二と「新幹線の生みの親」と呼ばれた島秀雄の2人の姿はありませんでした。国鉄が呼ばなかったからです。

十河総裁は、国会の承認を得た建設費だけではとうてい足りず、実際には倍近くもの巨額を費やしたこと、常磐線の三河島事故などによる責任を追及され、新幹線開業の1年前に国鉄総裁を辞任していました。島技師長も、その後を追うように国鉄を退職していました。

十河から総裁職を引き継いだ石田禮助《れいすけ》は、新幹線の出発式典で「わしがテープを切るのはスジ違いだ」と述べ、その直後の記者会見でも**「（新幹線開業の）最大の功労者は十河信二である」**と語ったほどでした。

昭和48（1973）年、東京駅の東海道新幹線の18・19番線ホームに「鉄道建設記念碑」が立てられました。新幹線の発展を祈って、国鉄が設けたものです。この碑には、十河信二のレリーフが施されていることから、国鉄が十河の功績を正式に認めたということなのでしょう。

島は、東京駅で写真を撮るとき、この十河のレリーフの前でなければ撮影を承知しなかったと伝わっています。

品川～名古屋が40分の時代へ

「夢の超特急」とまで呼ばれた日本の新幹線の成功により、先進国では斜陽化していた鉄道事業を再検討しようとの気運を招きました。

◉開業直後の新幹線の車両編成

	←新大阪											東京→
号車	1	2	3	4	5	6	7	8	9	10	11	12
ひかり こだま [84]	21形 (Mc)	26形 (M')	25形 (M)	26形 (M'2)	35形 (Mb)	26形 (M'2)	15形 (Ms)	16形 (M's)	15形 (Mb)	26形 (M')	25形 (M)	22形 (M'c)
	2等車				ビュフェ車	2等車	1等車		ビュフェ車	2等車		

昭和39（1964）年の新幹線車両の編成。開業直後から何度も変更されている。

とくに、ヨーロッパ諸国の高速鉄道開発を刺激し、フランスのTGV（1981年運行開始）やドイツのICE（1991年運行開始）などにつながっていきました。ヨーロッパでは、ほかにイタリアのペンドリーノ、スペインのAVE、スウェーデンのX2000（現・SJ2000）などが開業しています。

このように、高速旅客列車のみをシステム化した日本の新幹線のやり方は、世界の主要都市を結ぶ大量輸送機関としての評価をますます高めています。軽量で省エネ、建設費や維持・管理費を抑えられる、車内空間は広く快適、騒音も世界でもっともきびしい沿線騒音基準をクリアしている、さらに開業以来、乗客の死亡事故ゼロで平均遅れは1分未満……と、日本の新幹線の優位は揺るぎません。

現在、超電導磁気浮上式リニアモーターカーの開発が進んでいます。JR東海は、2027年に品川〜名古屋間の開業を目指してリニア中央新幹線の工事を進めており、品川〜名古屋間はわずか40分で運行の予定です。ただし、3000メートル超の山々が連なる南アルプスを貫通するトンネルを掘ることで、生態系への悪影響、地下水の遮断、騒音、景観破壊などの懸念があります。こうした自然を破壊しての開発に疑問をもつ人が多いことを忘れてはなりません。

クオーツ時計

世界を席巻した「誤差が小さく壊れにくい」時計。

★

オリンピックのトラック競技で、ゴール地点のすぐ側に設置されているクオーツ時計。日本のメーカーの製品が採用されたのは、昭和39（１９６４）年の東京オリンピックからだ。正確な計測が求められる競技用の時計は、どのようにして開発されたのだろうか。

クオーツ時計は、技術立国・日本の強みであるイノベーションを体現した製品でもある。とくに腕時計は、海外メーカーを窮地に追い込み「クオーツショック」と呼ばれた。世界に衝撃をもたらしたクォーツ時計の実態に迫る。

昭和39（1964）年

からくり儀右衛門の「万年時計」

人類と時間との関わりの歴史は古く、文献によれば1万年以上前から日時計が使われていたようです。その後、水やローソク、油などを使った時計を作り、時間の変化をどうにか知ろうと努めたのです。

日本では、天智天皇10（671）年に、天智天皇が漏刻（水時計）で時を計り、鐘や太鼓を打って時を知らせることをはじめたとされています。しかし、漏刻の詳細についてははっきりしたことはわかっていません。

江戸時代には時計師という職業があり、各種の和時計を製作するなど、時計は身近な存在でした。ただし、季節によって一時《いっとき》の長さが変わるという不定時法に対応しなければならない和時計は、頻繁な微調整をしなければ役に立ちません。

幕末に「からくり儀右衛門」と呼ばれた田中久重が、万年自鳴鐘《まんねんじめいしょう》を製作しました。**これは、一度ゼンマイを巻くと1年間は自動的に動くという画期的な発明で、「万年時計」と呼ばれました。**

ブレスレットの一種から軍用品に

歴史上もっとも古い腕時計の記録は、寛政2（1790）年にスイス・ジュネーブの時計商がカタログに記載したものといわれています。現存する最古の腕時計は、パリの宝石商が文化3（1806）年に製作した、時計を組み込んだエメラルドのブレスレットとされています。

その4年後、スイスの時計細工師ブレゲが、ナポリの王妃のために髪と金で編んだベルトで腕に装着できる腕時計を製作しています。これらはあくまでブレスレットの一種で、精度は決して高くありませんでした。当時、携帯用の時計といえば懐中時計が主流でしたが、時間を知るためにポケットからいちいち取り出す必要がありました。

その後、戦乱が続いたヨーロッパでは、軍隊で腕時計が必要となりました。作戦開始の時間を合わせるためには、全員の時計が正確であり、その確認も素早くできなければなりません。

明治12（1879）年、ドイツの皇帝ウィルヘルムⅡ世が海軍将校用に2000個の腕時計の製作を命じました。これが世界初の「量産された腕時計」とされています。

腕時計の技術は日本にも伝わり、**大正２（１９１３）年、服部時計店（現・セイコー）が、日本初の腕時計「ローレル」を発売**しました。

ローレルは、ゼンマイを巻き、それが解ける力を利用して中の歯車や文字盤上の針などを動かすという仕組みでした。ただし使っているうちにオーバーホールが必要で、１日平均15～20秒程度の誤差が生じるという難点がありました。

圧倒的に誤差が小さい時計の誕生

日本でローレルが発売される30年以上も前に、フランスの物理学者であるジャック・キュリーと弟ピエール・キュリーがクオーツ（水晶）に圧電効果があることを発見しました。圧電効果とは、簡単にいえば「クオーツに交流電圧をかけると膨張・収縮の規則正しい動きをくり返す」ことです。圧電効果を時計に応用すると、ゼンマイを使った時計よりも誤差を小さくできることがわかりました。

昭和２（１９２７）年、アメリカのベル研究所は世界初のクオーツ時計の開発に成功しました。時計信号源に本物の水晶が振動子として使われているクオーツ時計は、電池類を使用しているため時間精度が長期間安定していました。さらに電子部品を使っており、ゼンマイに比べて故障率が低いという特徴もありました。

しかし、最初に作られたクオーツ時計はタンスくらいのサイズ。いくら精度が高くても、持ち運ぶことはできませんでした。

クオーツが初めて採用された東京五輪

日本のメーカーの動きを見てみましょう。昭和33（1958）年、第二精工舎（現・セイコー）がラジオ局とテレビ局にクオーツ時計を納入していますが、高さ約2・1メートルもあり、やはり手軽に持ち運ぶことはできませんでした。

その翌年、あるできごとによってクオーツ時計の小型化・軽量化が本格的にはじまります。東京オリンピック開催が決定したのです。オリンピックでは早く正確な計測が要求されます。時計メーカーにとっては、技術力を披露する絶好のチャンスでした。

日本オリンピック委員会は「国産品のオリンピック」「科学のオリンピック」をテー

マとして掲げ、産業界も積極的に東京オリンピックに協力する姿勢を示しました。

第二精工舎の諏訪工場は地元の大和工業と合体して諏訪精工舎となり、東京オリンピックに向けて、競技用として持ち運べるクオーツ時計の開発に着手しました。

そして卓上型の1号機は昭和37（1962）年に完成。そして**オリンピックの開催年に精度日差0・2秒という世界初の携帯型クオーツ時計「クリスタルクロノメーター」を発売しました。**重さ3キロ弱で携帯でき、テーブルにも置けるサイズにまで小型化され、オリンピックでは長距離レースの計測に使われました。

オリンピックのプロジェクトを成功させたセイコーは、昭和41（1966）年に懐中型、昭和42（1967）年に腕時計のプロトタイプを発表。そして昭和44（1969）年、世界初のクオーツ腕時計「セイコークオーツアストロン35SQ」を発売しました。わずか10年で体積は1000万分の1となり、人の腕に巻くことができるようになりました。消費電力も1000万分の1となるクオーツ時計が誕生しました。

セイコークオーツアストロン35SQは、水晶振動子と時計用IC（集積回路）、電気信号を機械的な回転運動に変える変換機としてステッピングモーターを搭載していました。

◉セイコー「アストロン」（初代）

時計の革命と呼ばれ、平成16（2004）年にはIEEEのマイルストーン賞を受賞した。

独自に開発された水晶振動子は、小型かつすぐれた耐衝撃性をもつ、世界初の音叉型水晶振動子でした。

まさに腕時計の革命だったのです。「1日に3秒以内」の誤差を実現することが難しいとされていたときに、「1カ月に誤差が3秒以内」という驚異的な正確性もあって、45万円（当時カローラが42万円）と非常に高価だったにもかかわらず、３５０個も売れました。故障が少なく、分解して掃除する必要がないことも信頼される一因でした。

特許の公開で世界の時計市場を席巻

さらに、セイコーはクオーツ時計の開発にあたって考案した特許を公開しました。

国内外の時計メーカーがこぞってセイコー方式を採用したことで、1970年代にはクオーツ時計が一気に世界の時計市場を席巻します。ムーブメントのユニット化、集約化も進み、コストダウンされていきました。**昭和54（1979）年には、アナログ式のクオーツ腕時計の価格がついに1万円を割り、その翌年には厚さが2ミリを切るところまで進化**しました。

とくにスイスなどの高級機械式腕時計ブランドは壊滅的な打撃を受け、20世紀半ばまで全盛を誇ったアメリカの時計メーカーも、ほぼ全滅しました。これは「クオーツショック」と呼ばれました。

クオーツ時計で従来にないアイデアを実現したセイコーは、IEEE（アメリカ電気電子学会）の革新企業賞とマイルストーン賞の2つを受賞しています。セイコークオーツアストロン35SQは、アメリカのスミソニアン博物館に永久展示されており、平成26（2014）年には、日本の機械遺産に認定されました。

現在、熟練の職人技が再評価されたことで高級機械式腕時計も息を吹き返し、現在は「手頃な価格で正確」なクオーツ腕時計と「高級な工芸品」である機械式腕時計の棲み分けがなされています。

光ファイバー

通信に革新をもたらし、医療や照明にも広がった発明。

現在、高画質の動画などといった大量のデータを高速でやりとりすることができるのは、光通信のおかげだ。その光通信を支えているのが、データを伝送する光ファイバーである。各国で光ファイバーの実用化に向けた研究開発が続けられたが、日本はつねに世界のトップレベルにあり続けた。

通信に多大な恩恵をもたらした光ファイバーは現在、医療分野や照明にまで活用範囲が広がっている。「生みの親」と呼ばれた日本人の発明とその進化の過程に迫る。

昭和39(1964)年

高画質の動画伝送に不可欠

私たちが当たり前のようにパソコンやスマートフォンで手軽に高画質の動画を楽しむことできるのは、光通信ネットワークが整備されているからです。そして、光通信ネットワークの伝送路には、光ファイバーが不可欠です。

光ファイバーとは、通信に使用され、データを光信号に変換して伝送するケーブルのことです。データ伝送の速さや一度に伝送できるデータ量の大きさが、従来使われていた銅線に比べると格段にすぐれています。また、電磁ノイズや外からの影響を受けにくいといった利点もあります。

少し前までは光が届く範囲や向きに限界があり、光を使った通信の利用範囲は限られていました。つまり、光をどう運ぶかという課題がありました。

光に強い指向性（伝達方向のコントロール）をもたせて、長距離伝送が可能であれば、飛躍的に通信能力を高めることができます。そんなニーズに応えたのが、光ファイバーでした。

光を物質の中に封じ込めることができれば、物質の形に合わせ、指定する方向に光を運べます。その物質にはガラスが採用されました。しかし、**細く・長くというケーブルにとって必須の条件と、ガラスというもろくて硬い物質を両立させるのは並大抵のことではありませんでした。**

そこで、屈折率の異なる材料を組み合わせることで、光をガラスの中に効率的に閉じ込める方法が考え出されました。グラスファイバーの中心部（コア）に屈折率の高い材料を配し、その周辺（クラッド）に屈折率の小さい材料を配せば、条件次第で光を長距離にわたって中心部に閉じ込めることが可能になりました。

父・生みの親・育ての親

光をガラスの中に閉じ込める基本的な構造を考案したの

◉光ファイバーの構造

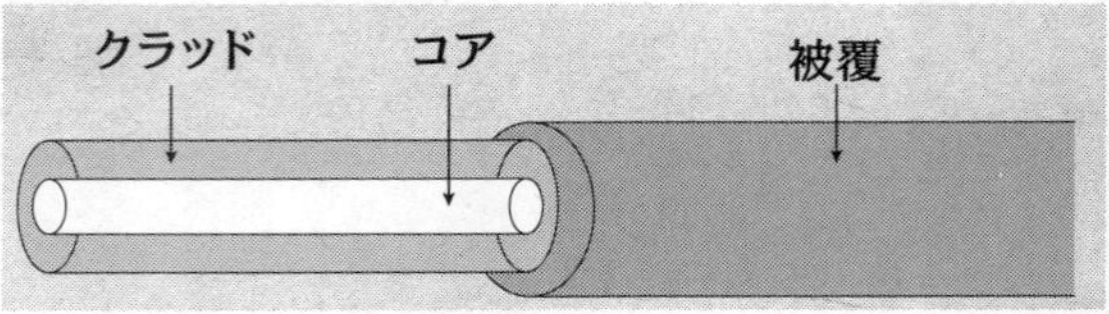

直径は約3ミリ程度。コアの外側にクラッド、クラッドの外側は被覆（コーティング）されている。

は、「光ファイバーの父」と呼ばれるインド人のナリンダー・S・カパニーです。

光ファイバーは、コアとクラッドとの二重構造になっています。製造の際は二重構造の坩堝《るつぼ》（容器）の内側にコアとなるガラスを入れ、外側にはクラッドとなるガラスを入れて高温で熔かします。熔けた2種類のガラスは坩堝の底の穴から同時に引き出され、1本の光ファイバーになります。光ファイバーの外径は、この時のガラスの温度と、引き出される速度によって決まります。

しかし、1960年代当時の光ファイバーは、20メートルの伝送で届く光はわずか1％にまで減ってしまい、とても実用に値するレベルではありませんでした。

昭和41（1966）年、イギリスで長距離のグラスファイバーの中を伝達する光についての計算を行い、純粋なガラスであれば100キロ以上離れていたとしても、光の損失を低減できるという理論が発表されました。発表したのは、「光ファイバーの育ての親」といわれ、平成21（2009）年にノーベル物理学賞を受賞したチャールズ・カオです。

カオの研究と、それに刺激を受けた研究者によって、光ファイバーの研究開発は進みました。昭和45（1970）年、アメリカのコーニング社がカオの理論をもとに開発を進めた光ファイバーを製造すると発表しました。非常にもろく、実用化には多くの課題が残されていましたが、世界から大きな注目を浴びました。ほぼ理論予測どおりの低損失値を達成していたからです。

このコーニング社の光ファイバー発表を契機として、各国の研究機関や企業が光ファイバーの研究に突き進むことになります。

一方、日本には「光ファイバーの生みの親」と呼ばれる科学者が登場していました。東北大学総長を務め、「ミスター半導体」「光通信のニシザワ」として世界に知られる西澤潤一です。昭和39(1964)年、東北大学電気通信研究所の教授だった西澤は、断続した光の符号によって通信を行うための収集性光ファイバーの開発に成功しました。光ファイバーによって大容量の光通信が可能であることを、世界で初めて証明したという、まさに大発明でした。

西澤は特許を申請しましたが、手続き上の不備があり認められませんでした。その後二十数回にわたって申請をくり返したものの、やはり認められませんでした。**地方裁判所や高等裁判所の判断を仰ぐといった西澤の戦いは続きますが、特許庁は最後まで申請を認めず、昭和59(1984)年、ついに期限切れを迎えています。**

日本の企業が世界記録を独占

さて、光ファイバーの開発競争は、１９７０年代以降に本格化していきます。電話回線の需要拡大にともない、通信設備の大容量化へのニーズが高まったためです。その競争は、低損失で量産性の高い光ファイバーの開発が中心でした。

昭和49（１９７４）年、京都で第10回ＩＣＧ（国際ガラス会議）が開催されます。会議は、光ファイバーの開発史において画期的なものとなりました。アメリカのベル研究所が、ＭＣＶＤ（内付化学気相堆積）法によって光の損失を大幅に低減化できたと発表したのです。これをきっかけに、世界中で低損失化競争が起こりました。

一方の日本では、日本電信電話公社（現・ＮＴＴ）の茨城電気通信研究所が、昭和52（１９７７）年にＶＡＤ（気相軸付け）法を開発。**純国産技術による光ファイバーの量産化を成功させました。**その後も、ＮＴＴや住友電気工業が超低損失値を達成するなど、日本の企業が世界記録を独占していきます。

しかも、ＮＴＴが開発したＶＡＤ法は光ファイバーの量産性にすぐれており、昭和

56（1981）年には、継ぎ目なしで100キロ長以上の光ファイバーの製造に成功しました。この発明によって、光の長距離伝送が可能になりました。現在、VAD法は世界でもっとも多く採用されている光ファイバーの量産方法です。

医療や照明への応用

昭和53（1978）年、台東区と目黒区を光ファイバーケーブルでつなぐ本格的な試験が開始されました。試験の結果をふまえて、昭和56（1981）年にNTTが光ファイバー伝送方式の商用を開始しました。

さらに昭和60（1985）年には、旭川から鹿児島までの日本列島を縦貫する大規模なネットワークへと発展し、平成元（1989）年には、太平洋横断海底ケーブルシステムが完成。**日本とアメリカとの間の電話回線の品質は劇的に向上し、アメリカとの国際電話は「まるで市外電話並みだ」と言われた**ほどです。衛星を使った国際電話よりも電話料金が大幅に安くなるという副産物まで生まれました。

平成13（2001）年、光ファイバーの通信サービス「Bフレッツサービス」が開始されました。Bフレッツサービスは現在、電話、インターネット接続、映像配信の3つを同時に提供しています。

光ファイバーは、本来の用途である「光を通す経路」としても利用されています。医療用としては、X線画像や光線療法、臨床診断、眼科レーザー、外科用顕微鏡および内視鏡など、幅広い分野で用いられています。

光ファイバーを使った照明の仕組みは、次のようになっています。

照らしたい場所から離れた場所にランプなどの光源を置き、一方の端を照らします。光ファイバーを伝わった光がもう一方の端から周辺を照らすのです。これで実際に照らす場所と光源を離すことが可能になりました。

高所に照明を設置したい場合や多数の照明が必要な場合でも、メンテナンスがしやすい場所に光源をまとめて設置することができるのです。

また、光源と照らしたい場所を離すと光だけが伝わり、熱が伝わりません。美術館や博物館などの貴重な展示品は、熱で劣化するおそれがあるため、光ファイバーを使った照明システムが採用されはじめています。

光ファイバーは、これからますます活用範囲を広げていくでしょう。

自動改札機

駅や空港、オフィスビルに活用される無人機。

駅の混雑を緩和させたい——高度経済成長期、その願いから生まれたのが、自動改札機だ。幾多の課題を乗り越えて誕生した自動改札機は、関西で導入された後、首都圏でも普及していった。やがて、Suicaなどの I C カードが登場し、自動改札機の利用はさらに広がっている。

無人改札はどのように誕生し、どのように進化を遂げていったのか。メーカーの試行錯誤の歴史と、日本人らしいサービス充実への取り組みの歴史に迫る。

★

昭和42（1967）年

90年前に導入されていた自動改札

ＡＩ（人工知能）の発達と普及によって、人間が介在する必要のない仕事が増えるといわれています。自動改札機が誕生したとき、こうした機械の発達に「人間の仕事がなくなる」と反発する意見が出ました。

大都市圏ではあまり見られなくなりましたが、かつては改集札業務を駅員が行っていました。現在は徳島県を除く46都道府県で、自動改札機が導入されています。

日本で最初に「自動改札」が導入されたのは、昭和３（１９２８）年、現在の東京メトロ銀座線の上野駅です。当時の改札口には、アメリカ製のターンスタイルが採用されました。入り口の運賃箱に10銭銅貨を入れると、十字形の腕木が4分の1だけ動いて入場できるという、画期的な仕組みでした。ただしこれは、運賃が全線10銭だったからこそ可能でした。その後、運賃制度が変わると使えなくなり、廃止されます。

その後、現在おなじみの自動改札機が登場するまでには、実に40年近い年月を要しました。

高度経済成長期、近鉄の取り組み

近畿日本鉄道（近鉄）と立石電機（現在のオムロン）が共同で開発した世界初の自動改札機の試作機は、昭和41（1966）年に完成しました。ちょうど高度経済成長期の真っただ中で朝夕は駅の混雑がひどく、満員電車から吐き出された人たちでホームはあふれんばかりという状態が続いていました。

改札では、駅員の努力もむなしく殺到する大勢の人をさばくことができずに、つねに長蛇の列ができていました。

その数年前、混雑を解消するため改札業務を行うことができる機械を作ってほしいと、近鉄が立石電機に依頼したのです。ラッシュアワーの乗客の約8割が定期券を使っていたため、立石電気は定期専用の改札機を作ることを決定。昭和39（1964）年から開発をはじめました。

まず取りかかったのは、改札機本体の設計です。手前から入れた定期券が改札機の中を通過し、乗客は立ち止まることなくそれを受け取る。これを実現するために長細い本体が考え出されました。

0・6秒以内に定期券を通すことが目標

定期券が改札機を通過する速度も重要でした。駅員が改集札するよりも速くなければ意味がありません。ラッシュ時の駅で1人が改札を抜ける時間は、約0・7秒。**技術者たちは、0・6秒以内に定期券が改札機の中を通過することを目標に開発を進めました。**

定期券の搬送方法は工場のベルトコンベアの仕組みが採用されました。ところが、検証実験をはじめてわずか5分後にベルトが切れてしまいます。ベルトを2本重ね、間に乗車券を挟んで搬送する構造に改良し、ベルトの強度も見直しました。

次の課題は、定期券の情報を読み取る技術の開発でした。乗車区間や有効期限などのいくつもの情報を読み取り、適正な場合のみ通過させるよう判別する技術が必要でした。

採用されたのは、定期券に直径3ミリほどの小さな穴を開けて、その配列によって情報を記録し、改札機で読み取るという方法です。

また、不正に通過しようとする人を止める必要もありました。そこで、出口にゲートバーを取りつけて手前に光センサーを装備し、不正に通過しようとする人を感知してゲートバーが閉まるという仕組みが考えられました。

通過テストをしていると、別の問題が生じました。光センサーは、通過する人が持つ荷物を「別の人が通っている」と認識してしまうのです。初めは荷物を識別させようとしたもののうまくいかず、人が続けて通過する際にできるスペースをセンサーに感知させるようにして解決しました。

こうした試行錯誤を経て、昭和42（1967）年、ついに世界初の無人改札システムである自動改札機が誕生します。阪急電鉄の北千里駅の開業と同時に、10台が設置されました。その性能は、1分間に80人が通過できるところまで高められていました。

初めに自動改札機の開発をもちかけたのは近鉄でしたが、国鉄（現・JR西日本）との連絡改札が存在したため運賃の計算が複雑になることもあって、導入を見送りました。

◉自動改札誕生 50 周年の記念切手

平成 29（2017）年に阪急電鉄が発売した。導入当時の自動改札の様子がわかる。

磁気技術を採用し、切符に対応

自動改札機が設置された北千里駅は、当日なぜか大混乱に陥りました。定期券を持たない乗客が切符や現金を自動改札機に入れてしまったからです。定期入れごと入れた人もいたそうです。

現在も、新幹線の乗り継ぎ改札で「ＩＣカードをタッチしてから切符を入れ、受け取る」という手順に失敗し、駅員と相談している乗客がいます。この日の北千里駅は自動改札機を初めて見る乗客ばかり。駅員も初めてのことに対応しなければならず、混乱があったことは想像に難くありません。

結局、立石電機の技術者が呼ばれて乗客に使い方を説明したり、トラブルを起こした改札機を直したりして混乱を収めていきました。

次に立石電機は、切符を通すことができる自動改札機の開発に着手しました。切符は定期券とは違って行き先が一定ではないため、記録しなければならない情報量が飛躍的に増加します。**情報読み取り技術は、磁気技術の採用によって解決しました。**

こうして昭和43（1968）年、磁気式の自動改札機が関西の鉄道各社に導入され、駅の混雑は少しずつ解消されていきます。その後、各地の地下鉄などでも導入が進みました。

一方、他社との連絡改札が多い関東の各社では、自動改札機がなかなか普及しませんでした。他社線との乗り継ぎが多く、運賃の計算が複雑にならざるをえなかったからです。

平成2（1990）年になって、関東の鉄道でもっとも大きな影響力をもつJR東日本が山手線に導入しました。これでようやく関東でも自動改札機の普及が進むことになります。

◉自動改札機の中身

裏向きに切符が入れられても、中で反転してデータを読み取ることができる。

0・1秒で処理が可能なICカード

乗車券に代わって、パスネットやイオカードといった名前のプリペイド（代金前払い）カードが登場すると、券売機の混雑はあまり見られなくなっていきました。

ただし、磁気式自動改札機に不便を感じる人もいました。定期券を定期券入れから出して改札機を通して受け取り、また定期入れにしまうという動作が必要だったからです。**当たり前といってしまえばそれまでですが、こうした小さな手間を減らしてサービスの充実をはかるのが、日本の技術者のすごいところです。**

JR東日本は、磁気式自動改札機の耐用年数が平成12（2000）年に切れ、更新の時期が近づいていたこともあって、IC（集積回路）カードの開発を進めました。ICカードは定期入れに入れたまま自動改札機を通ることができ、処理速度もわずか約0・1秒にまで短縮が可能です。

平成13（2001）年、JR東日本は新しいICカード乗車券「Suica」による出改札システムを東京圏の424駅で一斉に導入。Suicaは自動改札機の読み取り部分に近づけるだけで、読み取り部分が発する微弱な電磁波とカードとの通信が行われ、運賃の自動精算ができます。
ＩＣカードは、磁気式のカードの１００倍以上の記憶容量があります。買い物や飲食でも利用できるようになり、自動入金（オートチャージ）ができ、クレジットカードとしての機能がついたものも登場しました。今後もさらに活用範囲は広がっていくと見られています。
また、自動改札機は空港や博物館、オフィスビルにも設置されています。ＡＩ時代の本格的な到来の前に、さまざまな施設で受付やゲートから人がいなくなる日が来るかもしれません。

自動改札機のこぼれ話

使い回された自動改札機が機械遺産に

通常の自動改札は1台あたり約1000万円程度、高性能なものになると1台あたり2000万円もする自動改札機があるといわれています。

かつては、別の鉄道会社が使っていた中古品を譲り受けて導入するケースもありました。

平成22（2010）年、日本機械学会が「機械遺産」に認定した自動改札機は、昭和55（1980）年ごろに南海電鉄が導入したオムロン製のものです。

南海は平成元（1989）年にこれを水間鉄道に譲り渡し、平成21（2009）年まで使ったのち、オムロンに返却されました。これが、現存する最古の自動改札機とされています。

カラオケ

酒場で生まれ、音楽制作の潮流を変えた娯楽アイテム。

パーティの二次会で、ストレス発散に、２軒目に行くなら……。カラオケは、日本人の娯楽・コミュニケーションのひとつとして欠かすことができない。とくに１９９０年代以降の日本の音楽シーンは、カラオケの影響なくしては語ることはできない。近年は、介護予防に役立つとして注目を集めている。

しかし、カラオケがいつはじまったのか、ハッキリしたことはわかっていない。ここではスナック発祥説を元に、機器の進化や全国へ普及していくまでの経緯を紐解いていく。

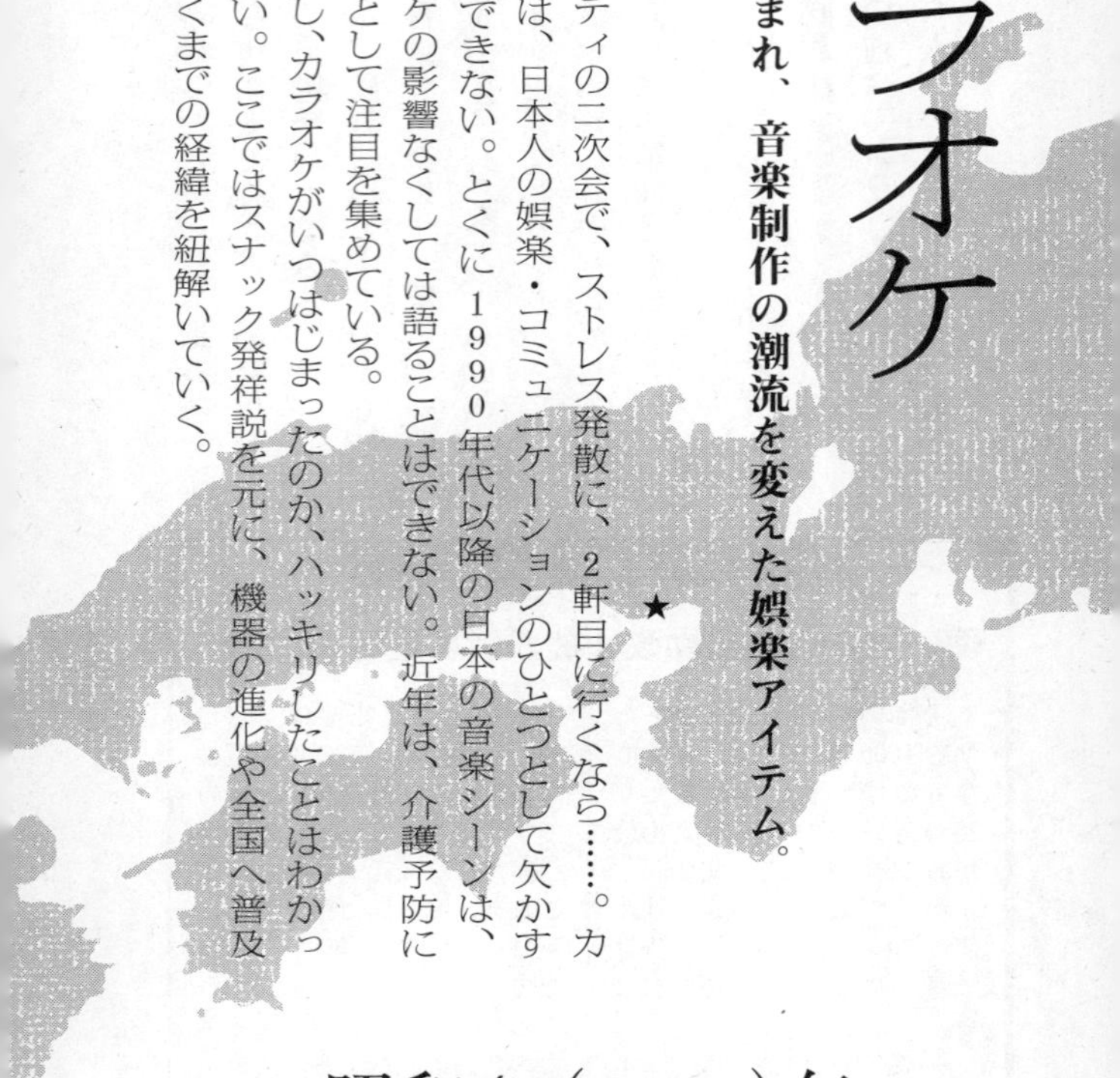

昭和47（1972）年

神戸の酒場が発祥!?

「カラオケ」とは、もともと音楽業界で使われていた用語で、歌手の練習やレコーディング時に使う、伴奏だけを録音したテープやレコードのことを指しています。「空のオーケストラ」という言葉を縮めてカラオケと呼んでいました。NHK交響楽団員らの雑談から出た言葉という説もあります。

ラジオ番組などで歌手をゲストに招く際、カラオケがあれば伴奏する人のコストや手間が省けるということで、重宝されていました。ただし、**発明者と自称している人が10～20人もいて、定義もはっきりしていません。**いつからカラオケが存在したのかも不明です。

全国カラオケ事業者協会によると、1970年代の初頭にジュークボックスにマイクをつけて歌ったり、伴奏だけを収録したテープが開発されるなど、カラオケ事業の先駆けともいうべき利用方法が登場していました。

のちに音響機器販売会社のクレセントを創業する井上大佑が、昭和47（1972）

年にコインタイマー（お金を入れると一定時間歌うことができるタイマー）を内蔵し、マイク端子がついた機械を製作しました。さらに、弾き語りで録音した伴奏テープ40曲をセットにして、神戸市のスナックなどへレンタルをはじめました。

それまでの酒場では、流しが客に歌を聞かせるのが一般的でした。ところが神戸では、客が歌い、客の歌に合わせて流しが伴奏するという独自のサービスがあったのです。もともと伴奏者として人気のあった井上は、多くの店から呼ばれたのですが、すべてに応じることはできません。そんなとき、なじみの客から「社員旅行で使いたいので、伴奏だけを入れたテープがほしい」といわれたのです。**テープに曲を録音すれば、伴奏者がいなくても歌うことができることに気づいた井上は、カラオケテープのアイデアを思いついたとされています。**

当時店舗での使用料金は1曲5分100円と高額でしたが、素人が歌いやすいように曲をアレンジしていたこともあり人気を得て、ビジネスとして注目を集めました。テープをレンタルにしたことで、新曲にすぐに対応できたのも大きなポイントでした。

昭和48（1973）年には、早くも各種メーカーが相次いで機器のレンタルを開始し、酒場などで急速に普及しました。カラオケという言葉も一般に広まります。

じつはカラオケが登場する少し前、1950〜60年代には、都市圏に「歌声喫茶」がありました。生演奏に合わせて客が合唱するという喫茶店で、若い世代の間でブームになりました。「はずかしがり」といわれる日本人ですが、カラオケの誕生と大ブーム、そしてカラオケ店が林立する現在の状況を考えれば、「人前で歌いたい」という人は多かったのかもしれません。

カラオケの普及が生んだ小室サウンド

カラオケの登場は、音楽制作者にも大きな影響を与えました。従来の音楽制作者は、心に残る曲づくりを目指していました。しかし、カラオケが普及するにつれて楽しく歌えることも重要な要素となっていきます。

1990年代からは歌いやすさに重点を置いた楽曲が、ヒットチャートをにぎわします。その時代に頂点をきわめたのが、音楽プロデューサーの小室哲哉でした。

小室は、1990年代にTRF・globe・安室奈美恵・華原朋美などを手がけ、J-POP界を席巻しました。俗に「小室サウンド」と呼ばれた楽曲はCD購入者やカラオケ歌唱者の反応に注意しながら作られ、若者たちに大いに支持されました。

１９９０年代は、ＣＤシングルの販売が伸びて大量のミリオンセラー曲が生まれました。そのＣＤシングルにはカラオケバージョンが収録され、ＣＤランキングとカラオケの人気ランキングがほぼ連動するようになります。

その背景には、**カラオケで歌いたいがためにＣＤシングルを買い、カラオケバージョンを使って練習する若者たちの動向が大きく影響していました。**

LDとオートチェンジャーの登場

登場したばかりのカラオケは、8トラック（カートリッジ式の磁気テープ）やカセットテープが主体で、利用者は手元の歌詞カードを見ながら歌っていました。それが、昭和57（１９８２）年にレーザーディスク（ＬＤ）が登場して様子が一変します。

直径30センチのディスクの両面に最大2時間の映像と音声が記録できるレーザーディスクは、「絵の出るカラオケ」として、またたく間に人気を博しました。

歌詞カードを見ながら歌っていた利用者は、モニター画面に出てくる歌詞のテロップを見ながら歌えるようになり、歌詞に合わせたオリジナルの映像が流れてくることも人気の一因となりました。

レーザーディスクの開発には、この時期に流行したビデオゲームの技術が流用されています。

昭和59（1984）年には、オートチェンジャーが登場しました。簡単にいえば、リモコンでの選曲が可能になったということです。選曲の際につどお店のスタッフに曲名を伝える必要がなくなったのです。

オートチェンジャーが小型化して持ち運びやすくなると、旅館やホテルなどにもカラオケが浸透していきました。

◉レーザーディスク（左）とDVD

レーザーディスクは直径30センチもあった。非常に高価だったため、盗難にあうことも少なくなかったという。

カラオケボックスの登場で大ブームに

船舶用コンテナを改造してつくられた屋外型カラオケボックスは、昭和60（1985）年、岡山県に登場しました。音もれがしにくい点が利用客に注目されました。他人を気にすることなく、仲間だけでカラオケを存分に楽しむことができるようになったのです。

当初、カラオケボックスは郊外のロードサイドを中心に展開していましたが、間もなく繁華街にも浸透し、全国的なカラオケブームが到来しました。

小室サウンドが大ブレイクする直前の平成4（1992）年、「通信カラオケ」が登場します。**楽曲データを電話回線で各端末に配信するというシステムでレーザーディスクに比べて、圧倒的に豊富な曲数をより早くカラオケ店に提供できました。**

平成7（1995）年に登場した電子目次本もまたたく間に普及しました。それまでは歌手名や曲名が書かれた分厚い目次本を見ながら番号などを入力していましたが、タッチパネル式のディスプレーで曲名を入力できるようになりました。

今では電子目次本はさらに進化し、採点やゲーム、ＳＮＳなど、今ではより多彩なコンテンツが盛り込まれています。

介護予防に役立つことが証明

平成14（２００２）年以降は、ブロードバンド環境の整備にともない生音・動画などの大容量データを活用した新しいタイプの通信カラオケが発売されています。ネットワーク技術が大きく進化したことで、今や収録楽曲は約20万曲を超え、人気楽曲では歌手本人の歌唱も収録されています。

近年は、介護予防にカラオケが役立つことが学術的に証明され、老人介護や福祉施設向けの商品が開発されています。

国民的娯楽となったカラオケは国内だけに留まらず、海外にも輸出されています。日本人がいる国には必ずカラオケがあるといわれ、カラオケはすでに世界共通語として認知されています。庶民向けの技術・サービスとしては、戦後日本最大の発明かもしれません。

青色発光ダイオード

長寿命・低消費電力で、電球から医療にまで広がる応用範囲。

★

赤崎勇・天野浩・中村修二の３人が、平成26（２０１４）年のノーベル物理学賞を受賞したことは、まだ記憶に新しいことだろう。

３人の受賞理由は、「高効率青色発光ダイオード（ＬＥＤ）の発明」だ。20世紀中の実現は不可能といわれたほど、青色ＬＥＤの実用化は困難をきわめたのだから、受賞も当然のことかもしれない。

同年４月に閣議決定された「エネルギー基本計画」では、ＬＥＤ照明などの普及を目指すと書かれたように、今ではすっかり私たちの身近な存在になっている。

平成元(1989)年

どんな色も発色可能に！

赤・緑・青の3つの色の強度を変えて混ぜ合わせると、すべての色を再現することができます。そのため、この3色を「光の三原色」といいます。

1970年代までに、赤と緑の発光ダイオード（LED）は誕生していました。しかし、LEDですべての色を再現するには、残りの1色である青色LEDがどうしても必要でした。

当時、青い光を出す半導体の数種の候補の中で、ほとんどの研究者が手をつけなかったり、研究そのものをあきらめたりした中、赤崎勇（現・名城大学大学院理工学研究科終身教授）は、窒化ガリウム（GaN）に可能性を見出しました。当時大学院生だった教え子の天野浩（現・名古屋大学大学院工学研究科教授）とともに、来る日も来る日も実験を続けた赤﨑は、昭和61（1986）年、明るいうえにすぐれた電気的特性をもち、LEDを作るのに必須である高品質なGaNの単結晶を実現しました。

青色LEDが革新的な技術と呼ばれた理由は3つあります。

①低温バッファ層による高品質なＧａＮ単結晶の実現
②ｐ型ＧａＮ単結晶の実現
③発光層に使う窒化インジウムガリウム（ＩｎＧａＮ）単結晶の実現

赤﨑は天野とともに、サファイヤ基板の上に低温堆積した窒化アルミニウム（ＡｌＮ）をバッファ（緩衝）層を設けることで高品質なＧａＮ単結晶を実現しました。じつは、低温バッファ層は偶然の産物でした。**実験続きのため電気炉が不調で、本来よりも低い温度で窒化アルミニウムを薄く堆積したことが、成功につながったのです。**

続いて、青色ＬＥＤを実現するにはｐ型半導体とｎ型半導体を結晶内でつなげる「pn接合」が必要です。ｎ型ＧａＮ系半導体層は比較的簡単に作れたものの、ｐ型ＧａＮ系半導体層はなかなか作れませんでした。

ｎ型に不純物として亜鉛を添加してもｐ型を作ることができず、マグネシウムを添加しましたが、やはりｐ型は作れませんでした。ただしその工程で、電子線を照射すると光が強くなることがわかりました。

そして平成元（１９８９）年、天野は別の実験結果によって得られた知識に基づい

◉青色発光ダイオードのしくみ

① p型半導体層
② マグネシウムを添加したInGaN（発光層）
③ n型半導体層
④ バッファ層
⑤ サファイア基板

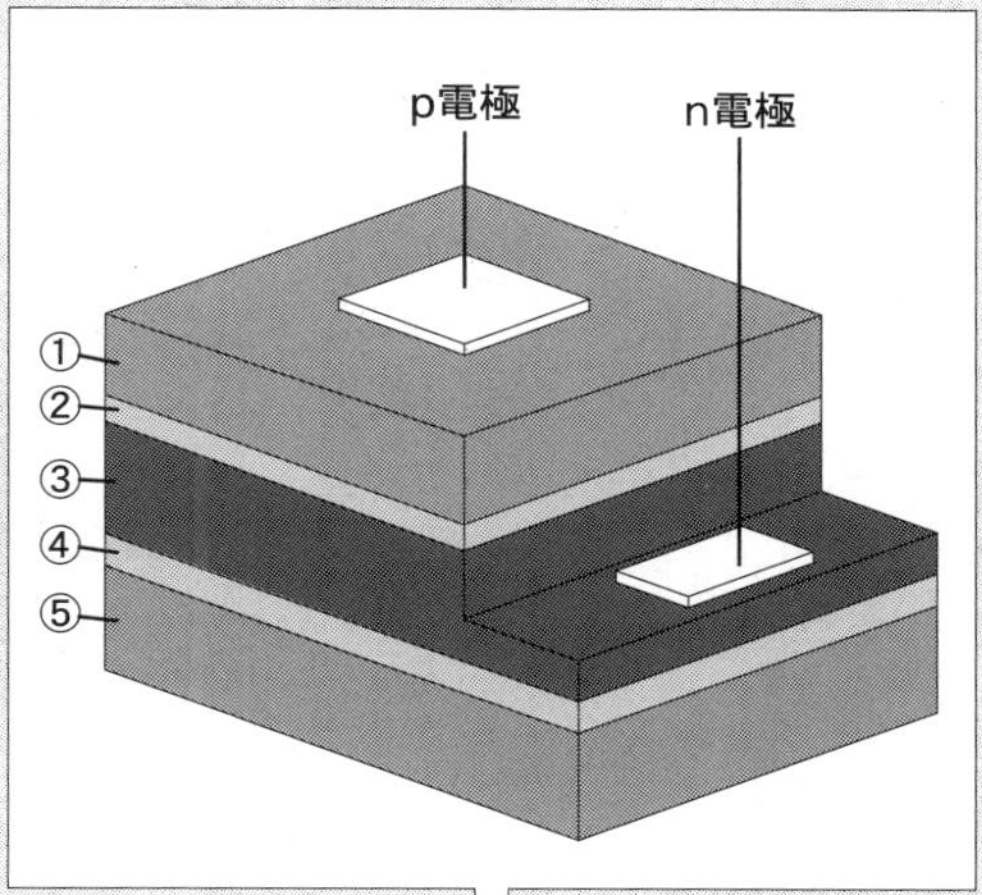

サファイア基板の上にAlNバッファ（緩衝）層があり、その上に半導体層を積み重ねている。その上に青色を発する発光層を、p型 GaN系半導体層とn型 GaN系半導体層で挟んでいる。

て、少量のマグネシウムを加え10キロボルトの電子線を照射しました。その結果、p型ができることをついに確認したのです。

同時にpn接合を製作したところ、発光ダイオードが弱々しいながらも光り出しました。それまで実現できなかったＧａＮのp型化、そしてpn接合と青色ＬＥＤの開発に世界で初めて成功した瞬間でした。ただし発光が弱く、実用化にはいたりませんでした。

天野の技術を進めた中村

天野がpn接合青色ＬＥＤの開発に成功した年、日亜化学工業の中村修二（現・カリフォルニア大学サンタバーバラ校教授）は、ＧａＮ系青色ＬＥＤの研究開発をスタートさせました。

◉中村が考案したp型半導体層の作成方法

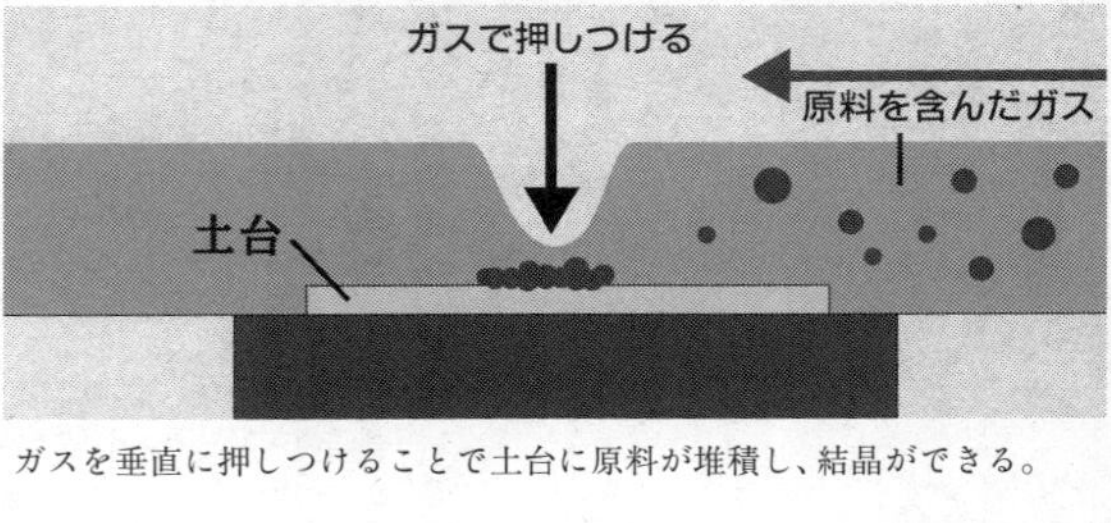

ガスを垂直に押しつけることで土台に原料が堆積し、結晶ができる。

中村はp型がなかなか実現できなかった原因が、マグネシウムに水素原子がくっついていたことを明らかにしました。

そして、400℃以上で加熱することで邪魔な水素原子がマグネシウムから離れるため、効率よくp型GaN系半導体層を作る方法をあみ出したのです。

また、加熱したサファイア基板にGa化合物を含む原料ガスを水平に送り込み、さらに基板に窒素および水素ガスを垂直に送り込むことで結晶を作る装置を考案しました。**この技術とアモルファス（原子が結晶のように規則正しく並んでいない状態）のGaNバッファ層を採用することによって、品質の高いGaNおよびInGaN単結晶が得られるようになりました。**

プロトタイプとなる青色LEDが完成したのは、平成5（1993）年はじめのことです。同年11月、日亜化学工業は青色LEDの製品化を発表しました。

研究成果の対価算定に一石を投じた訴訟

ところが日亜化学工業と中村は、青色LEDの特許権や研究成果の対価をめぐって、訴訟合戦をくり広げることになります。

青色ＬＥＤの開発により中村は国際的な技術賞を数多く受賞しましたが、日亜化学工業は関連する発明特許を独占します。

発明の対価として中村に与えられたのはわずか2万円でした。平成11（１９９９）年、中村は日亜化学工業を退社し、アメリカ・カリフォルニア大学サンタバーバラ校工学部の教授に就任しました。

翌年、日亜化学は特許技術を流出させたとして、中村を提訴しました。じつは、中村は日亜化学工業と競合するメーカーの子会社で非常勤研究員となっていたのです。一方の中村も、平成13（２００１）年、２００億円の特許の譲渡対価を求め、日亜化学工業を訴えました。

平成16（２００４）年、一審の東京地裁は中村の主張を認めました。日亜化学工業はただちに控訴。東京高裁は和解勧告を出し、平成17（２００５）年、中村への支払い額を約8億４０００万円として和解が成立しました。

一連の訴訟は、良くも悪くも青色ＬＥＤの知名度を高め、企業内での研究成果の対価をどう算定するかについても一石を投じたといえます。

エジソンを超える照明の大変革

青色LEDの実現で大きく変わった身近なものといえば、何といっても電球です。

冒頭に紹介したように、**赤・緑・青の三原色がそろったことで「完全な白」が再現されました。**それまでの白熱電球よりも明るく、はるかに低コストなLED電球が誕生したのです。

そもそもLEDは、半導体自身が発光するため白熱電球の「フィラメントが切れる」ということがありません。寿命は白熱電球の数十倍、従来の蛍光灯と比較しても数倍にも達します。しかも発光効率は年々

◉白熱電球信号（上）とLED電球信号

白熱電球の信号機は光の当たり具合によって点灯していなくてもしているように見えることがあった。LED電球の信号機はくっきり見える。

向上しています。

電球式の交通信号では、西日が当たったときに点灯しているように見えることがありました。しかしLEDではそれがなく、平成6（1994）年に愛知県名古屋市で初のLED式の交通信号が設置されました。

市場調査を行う富士経済によれば、平成23（2011）年の照明器具市場は世界で4兆9822億円。このうちLED照明器具は5623億円と、全体の11・3％でした。今後は中国や東南アジアにも急速に広がり、2020年には5兆5000億円に成長してシェアは57・9％に拡大する見通しとのこと。まさに、エジソンを超える発明となりそうです。

医療・文化財保護・農業など広い応用範囲

LEDは、医療分野でも活用されています。小型・薄型・軽量のため、自由度の高い機器設計やデザインが可能になります。

平成20（2008）年には口から入れて体の画像を撮る「カプセル内視鏡」が国内

で発売されました。内視鏡は、小型であればあるほど体への負担が小さくなります。小型で省エネルギーなＬＥＤを使えば、内蔵電池も小さくできるため、カプセルに搭載するには最適なのです。

平成21（２００９）年から販売されている液晶ディスプレイのＬＥＤバックライトにも、特性が生かされています。ＬＥＤバックライトは、色の再現性が豊かで薄型化も可能なため、携帯電話やテレビなどさまざまな電化製品に活用されています。

ＬＥＤによる白い光には赤外線や紫外線をほとんど含みません。紫外線で品質が劣化することのある美術品や工芸品の照明としても使われ、文化財保護にも役立っています。

農業分野での活用も期待されています。野菜の種類に合わせて最適な光を当てることができ、より栄養価の高い作物の育成が可能になります。

３人の研究者の実験につぐ実験による成果——青色ＬＥＤの発明は、日本だけでなく世界の人々の生活を変えました。技術者・メーカーに与えたインパクトも大きく、活用方法は全世界で考えられています。これからもその恩恵を受けることができるでしょう。

主要参考文献

『ＩＣカードと自動改札』椎橋章夫（成山堂書店）／『青い光に魅せられて』赤崎勇（日本経済新聞出版社）／『天野先生の「青色ＬＥＤの世界」光る原理から最先端応用技術まで』天野浩、福田大展（講談社）／『岩佐又兵衛―浮世絵をつくった男の謎』辻惟雄（文藝春秋）／『漆の技法―「炎芸術」工芸入門講座―応用篇』柴田克哉（阿部出版）／『面白いほどよくわかる 発明の世界史』中本繁実（日本文芸社）／『歌舞伎の愉しみ方』山川静夫（岩波書店）／『歌舞伎入門』古井戸秀夫（岩波書店）／『カタカナの正体』山口謠司（河出書房新社）／『カラオケ秘史―創意工夫の世界革命』烏賀陽弘道（新潮社）／『漢字・カタカナ・ひらがな　表記の思想』入口敦志（平凡社）／『漢字とカタカナとひらがな』今野真二（平凡社）／『近世の蒔絵―漆器はなぜジャパンと呼ばれたか―』灰野昭郎（中央公論社）／『国際理解にやくだつＮＨＫ地球たべもの大百科14 日本 江戸前寿司』谷川彰英（ポプラ社）／『古代日本の超技術』志村史夫（講談社）／『子どもに伝えたい和の技術1 寿司』和の技術を知る会（文溪堂）／『転んでもただでは起きるな！―定本・安藤百福』（中央公論新社）／『桜』勝木俊雄（岩波書店）／『桜が創った「日本」』佐藤俊樹（岩波書店）／『自然の材料と昔の道具2 わらでつくる』深光富士男（さえら書房）／『写真でみる 発明の歴史』ライオネル・ベンダー　日本語版監修高橋昌義（あすなろ書房）／『醤油・味噌・酢はすごい 三大発酵調味料と日本人』小泉武夫（中央公論新社）／『〝食〟で謎解き 日本の歴史』造事務所編（実業之日本社）／『真珠の世界史』山田篤美（中央公論新社）／『新 体系日本史11 産業技術史』中岡哲郎・鈴木淳・堤一郎・宮地正人編（山川出版社）／『図説 かなの成り立ち事典』森岡隆（教育出版）／『世界を制した「日本的技術発想」』志村幸雄（講談社）／『世界を征するオリンパスの内視鏡　大腸がんに挑む医術と技術』鈴木雅光（日刊工業新聞社）／『素材は国家なり』長谷川慶太郎・泉谷渉（東洋経済新報社）／『大日本帝国の発明』武田知弘（彩図社）／『たべもの語源辞典』清水桂一（東京堂出版）／『知識ゼロからの浮世絵入門』稲垣進一（幻冬舎）／『徹底図解 光ファイバーのすべて』新保豊（ＰＨＰ研究所）／『道具にヒミツあり』小関智弘（岩波書店）／『時計の針はなぜ右回りなのか』織田一朗（草思社）／『図説時計の歴史』有澤隆（河出書房新社）／『日本の「すごい」発明』武田知弘（大和書房）／『ニッポンの大発明』グレイン調査団（辰巳出版）／『日本の発明・くふう図鑑』発明図鑑編集委員会編著（岩崎書店）／『日本の名城 解剖図鑑』米澤貴紀（エクスナレッジ）／『ニューワイド学研の図鑑 発明・発見』（学研マーケティング）／『忍者の歴史』山田雄司（ＫＡＤＯＫＡＷＡ／角川学芸出版）／『忍者はすごかった』山田雄司（幻冬舎）／『俳句の歴史―室町俳諧から戦後俳句まで』山下一海（朝日新聞社）／『俳句革新百年―近代から現代へ―』東京都近代文学博物館（東京都近代文学博物館）／『俳句入門―初級から中級へ―』稲畑汀子（ＰＨＰ研究所）／『発明立国ニッポンの肖像』上山明博（文藝春秋）／『光ファイバの歴史』村田浩・小泉健・新関暢一（工業通信）／『〈ひらがな〉の誕生』山口謠司（ＫＡＤＯＫＡＷＡ）／『モノ誕生「いまの生活」』水牛くらぶ編集（晶文社）／『私の独創教育論』西澤潤一（ＰＨＰ研究所）

●新聞・雑誌・論文

『朝日新聞』『毎日新聞』『日本経済新聞』

『クリニシアンｖｏｌ・46』『クリニシアンｖｏｌ・47』（エーザイ）／「実践女子短期大学紀要第34号　明治初年の教科書に見る仮名の表記」高城弘一／「社会科学第40巻第4号　カラオケの商品史」鍛冶博之／「住総研　研究年表№・27　畳と畳を支えるシステムの開発と普及についての文献に関する研究」平井ゆか・内田祥哉／週刊現代２０１６／11／26／「東京有明医療大学雑誌　Ｖｏｌ・４　栄西と喫茶養生記」中山清治／「武蔵工業大学　環境情報学部　情報メディアセンタージャーナル　２００６・４第7号　太平洋1万キロ決死の海底ケーブル〝国際光海底ケーブルネットワーク〟」新納康彦

●企業・団体のウェブサイト

国立劇場歌舞伎情報サイト／腕時計誕生の歴史／セイコーミュージアム／日本時計協会／全国カラオケ事業者協会／石川県埋蔵文化財センター／特別史跡三内丸山遺跡／鹿児島上野原縄文の森／青森県庁／鹿嶋市文化スポーツ振興事業団／群馬県埋蔵文化財調査事業団／北海道・北東北の縄文遺跡群／香川県漆芸研究所／国立歴史民俗博物館／浄法寺のうるし／木曾くらしの工芸館／メゾン・デ・ミュゼ・デュ・モンド／東京文化財研究所／ｕｒｕｓｈｉＰｅｄｉａ　日本漆器協同組合連合会／会津漆器協同組合／刀剣博物館／日経ＸＴＥＣＨ／キッコーマン国際食文化研究センター／ヤマサ醤油／ヒガシマル醤油／しょうゆ情報センター／三重大学／日本忍者協議会／茨城県庁／遠州流茶道／全国納豆協同組合連合会納豆ＰＲセンター／ミツカン／農林水産省／ＳＡＫＥＴＩＭＥＳ／日本酒サービス研究会・酒匠研究会連合会／足立区／ＮＩＫＫＥＩ　ＳＴＹＬＥ／吉野ヶ里歴史公園／国立公文書館アジア歴史資料センター／国文学研究資料館／日本気象協会／全国畳産業振興会／杉原商店／東洋経済ＯＮＬＩＮＥ／学研科学総合研究所／花ＳａＫＵＯＮＬＩＮＥ／きもの館　創美苑／クリナップ／京都きもの案内人／扇子工房まつ井／四季の美／茶道裏千家淡交会／伊藤園／美好園／茶道のみちしるべ／青空文庫／すみだ北斎美術館／江戸東京博物館／国立国会図書館／早稲田大学図書館／千代田区観光協会／日本文化いろは事典／くもん子ども浮世絵ミュージアム／元禄産業／米穀安定供給確保支援機構／遠藤食品／全国すし商生活衛生同業組合連合会／滋賀県神社庁／中央宝石研究所／わかさ生活。／ミキモト／特許庁／靖国神社／花とゆめ／Ｎｉｋｋｅｉ４９４６．ｃｏｍ／山眞産業／豊島区／四ッ谷龍「俳句の歴史」／大阪市立科学館／日経ＢＰ社／電池工業会／郵政博物館／パナソニック／ソニー／ＮＴＴ東日本／日立国際八木ソリューションズ／ＥＭＩＲＡ／伊藤忠テクノソリューションズ／オリンパス／日本科学未来館／世界ラーメン協会／日本政策金融公庫／日清食品ホールディングス／日本即席食品工業協会／ＮＴＴ／東北大学萩友会／コーニング／ＴＤＫ／日本機械学会／一橋大学鉄道研究会／阪急電鉄／ＪＲ東日本／メトロアーカイブ／アルバム／オムロン／環境庁／日亜化学工業／武田計測先端知財団／科学技術振興機構／文部科学省

本書は書き下ろしです。

日経ビジネス人文庫

30の発明《はつめい》からよむ日本史《にほんし》

2018年4月2日　第1刷発行

監修者
池内 了
いけうち・さとる

編著者
造事務所
ぞう・じむしょ

発行者
金子 豊

発行所
日本経済新聞出版社
東京都千代田区大手町1-3-7 〒100-8066
電話(03)3270-0251(代)　https://www.nikkeibook.com/

ブックデザイン
鈴木成一デザイン室

印刷・製本
中央精版印刷

Printed in Japan　ISBN978-4-532-19856-5